「語り継ぐ信仰」シリーズ

信仰の醍醐味

朝祷会証し集2

東海林昭雄［編］

キリスト新聞社［発行］
朝祷会全国連合会［協力］

第2集発行にあたって

『語り継ぐ信仰――朝祷会証し集』第2集が、『信仰の醍醐味――朝祷会証し集』という表題で刊行されるにあたり、感謝しお喜び申し上げます。朝祷会世話人であり牧師であられる東海林昭雄先生が編集の労をとってくださり感謝です。

第1集を読ませていただき、それぞれの執筆者が救いに導かれ、神の愛のもと喜びの信仰生活をなされている多くの証しに感動を覚えるとともに、その信仰が次世代に継承されるため必要不可欠なものは、祈りであることを強く示されます。

ヨハネによる福音書15章16節に「あなたがたがわたしを選んだのではない。わたしがあなたがたを選んだ」とあり、イザヤ書43章10節には「わたしの証人はあなたたち、わたしが選んだわたしの僕だと主は言われる」とあります。

キリストに選ばれ、キリストの証人として、如何にして信仰の継承ができるか、見たこと、聞いたこと、祈りが応えられた恵みや喜びを、どのように伝えればよいかと悩まされます。高齢化社会を迎え、言葉で語る機会も年々少なくなっていく中にあって、文書で遺されることは何世代にも証しできる恵みの道ではないかと感謝します。

私たちの命には限界があり、第1集に執筆された教職、信徒の幾人かは、すでにご召天されましたが、書かれた証しは今後とも読む者の心をとらえ生き続け、希望を与えるものであることを信じるとともに、イエス・キリストに導かれることを願い祈る者です。

1957年に大阪で始められた大阪朝食祈祷会（現・朝祷会）は各地に広がりを見せ、ある人は家庭を開放し、喫茶店を一時借り、教会を会場にしながら、全国に約230朝祷会が登録されていますが、現在は170余の朝祷会が毎週、毎月定期的に開催されていることは感謝です。

国内外とも祈る課題が山積している現在、私たちキリスト者が心を合わせ国の指導者、世界の為政者のため心して執り成しの祈りに励む者でありたく願います。祈りこそ、人を変え、国を変え、世界を変えると信じます。そのためにも、本書が幅広く用いられますようお祈りいたします。

朝祷会全国連合（元）会長　**米田昭三郎**

信仰の醍醐味——朝祷会証し集2／目　次

第2集発行にあたって　iii
みことばと祈りに生かされる恵み――米田昭三郎　3
信仰の醍醐味――鈴木武仁　15
主の召し――村上義治　25
祈り――金子信一　33
停職一年……主は共におられる――太田敬雄　37
真実な神に導かれて――水田賢次　48
信仰への導きと今日までの歩み――菅野広直　59
天に宝を積めますように――角谷晋次　69
小さなことに忠実であること――道上朝子　79
神様の選びと導き――廣田守男　88

目　次

すべては御心のうちに──竹ヶ原政輝　99
キリスト者としての55年の半生──上松寛茂　108
家族の救いの証──西部敏子　117
ただ恩寵あるのみ──横山義孝　126
涙とともに種を蒔く者は喜び叫びながら刈り取ろう──池田幸子　136
教会の一致とリバイバルを祈りつつ、貧しき人々と生きる──高島史弘　147
神が与えてくださった出会い──岸本大樹　155
私の生い立ち、主との出会い──酒井美枝子　164
内住のキリストに導かれて──寺尾貞亮　173
あなたの御言葉はわたしの道の光──思い出すことども──井田　泉　184
わたしの切り出されてきた元の岩──秋山　徹　195
喜界島にて伝道者となる──小久保達之佑　207

救いと献身の恵み――久多良木和夫　232
放蕩息子、父の許に帰る――金子辰己雄　240
編集後記　249

信仰の醍醐味

——朝祷会証し集2

みことばと祈りに生かされる恵み

（一財）大阪クリスチャンセンター理事長／朝祷会全国連合元会長
米田昭三郎

盗まれた聖書を通して救われた両親

両親は熱心な仏教徒の家庭に育ち、特に父・善峰は浄土宗檀家総代を務める家庭に生まれ、父の名前は西国88カ所の20番札所、京都府下にある善峰寺から祖母がつけてくれたという。大阪で事業を始め、私が誕生する数年前の１９３１年1月、縁日の夜店に出かけた若い両親はプール女学校横の広場で開かれていたキリスト教の天幕伝道に好奇心も手伝って中に入る。

正面に作られた粗末な講壇には、亀水松太郎牧師。白いあごひげ豊かで温容な長身で穏やかな風貌ながら、眼鏡越しの眼光は輝き、聞く者に迫るエネルギーのようなものに父は引き込まれていく。語られる亀水牧師は、若いころ悪の道に入り終身刑を受けていた極悪人でしたが、獄中で救われ何度かの恩赦に浴して、出獄後は福音伝道に生涯を捧げ抜いた神の証人でした。自称「鉄窓27年罪人の頭」。

この老牧師の野人的ともいえる不思議な熱烈な説教への好奇心から、聖書を読みたくなり案内された教会に出席し、当時教会で販売されていた最高最大の高価な聖書を買い求める。ぶ厚い聖書を手に入れ、母に聖書を入れる袋を作ってもらい、聖書の末尾の備忘録に住所、氏名、両親の誕生日や結婚日などを書き込んで、次の水曜日の祈祷会に出席すべく、聖書を入れた袋を自転車のハンドルに掛けたところで忘れ物に気付き、家に入り戻ってみると、ハンドルにかけたはずの聖書が袋ごと消えてなくなっていた。わずか2~3分の出来事である。聖書を学ばんと聖書を求め、祈り会に出席しようとする矢先に聖書の盗難である。

その瞬間、キリストの神が自分の聖書さえ守れなくて、人間の救いなんてとんでもない。お寺の名前を命名されていた父は仏罰とさえ思った。これは野人老牧師であっても、この憤懣をぶちまけたく教会へ。

先生は説教が終わり最後の祈りが捧げられた。会堂内は静粛である。父はたまらず「先生、私はこの間の日曜日に買ったばかりの聖書を、今晩盗られました」と声を張り上げ立ち上がった。会衆は何者かと一斉に振り向くとともに、牧師は講壇を離れ父の席の前に立たれ「祈りましょう」と真剣そのもののごとく祈られた。その要旨は、「神様、この兄弟はあなたの救いにあずかろうと、先日聖書を買いましたのに、今晩盗られました。何卒み旨なれば、速やかにこの聖書を兄弟に渡してください。さもなければ、この聖書を盗んだ者が、この聖書によって救いにあずかることができますように。」

祈りも無責任だと思い、教会もこれきりだと自転車で帰る途中、古本屋の前で自転車が止まり中を覗いてみる。真正面に見える本が3時間ほど前に盗られた聖書である。早速買い戻し、教会に戻り牧師に報告。聖書のみことばの真実と祈りは応えられるとの確信を得、その後、亀水松太郎牧師に導かれ受洗、両親とも生涯キリスト者として、祈りの人、信徒伝道者としてよき働きをなし、孫の1人が献身し牧師として用いられていることは幸いです。この聖書は今も我が家の最高の家宝として、床の間に置いています。

私の誕生と生い立ち

このようにして、私の誕生数年前に救いにあずかった両親は、私が誕生するとすぐ亀水牧師のところへ連れてゆき命名していただくとともに、ヨシュア記1章5、6、9節のみことばをいただきました。

「我モーセと偕に在りし如く、汝と偕にあらん。我汝を離れず汝を棄てじ　心を強くしかつ勇め。……我汝に命ぜしにあらずや　心を強くしかつ勇め　汝の凡て往く処にて汝の神エホバ偕に在せばおそるる勿れ　おののく勿れ。」

（文語訳）

母は出産間際まで、教会の早天祈祷会に出席していて、私は幸いにも母の胎内にある時から牧師や教会員の皆様に祈られていました。

しかし、私の幼少年時代は体も弱く小心で母の元から離れられない泣き虫で弱虫でした。

国民学校（現・小学校）入学時、父が書いてくれた「父の願い五ヶ條」は、①神ニオ禮ト祈リヲセヨ。②母ニ丁寧ニ応ヘヨ。③学校デハ先生ノ顔ヲ睨メ。④姿勢ヲ正シク言葉ヲハッキリ。⑤泣クナ、強クナレ　でした。また、戦争により国民学校3年生の時、母や家族と別れ学童疎開へ。毎日、寂しく、神様に祈るしかありませんでした。また母が聖書の表紙裏に記してくれたヨシュア記のみことばが理解できるようになって、徐々にたくましく成長させていただきました。

終戦直前、母の郷里、奈良県に家族全員が疎開、慣れぬ農業や薪拾いをするも、それにより成長し、また、中学生になると英語の授業があり、戦時中に香港やシンガポールで貿易の仕事に従事されていた教師が派遣され、英語に興味を持たせるために、毎時間授業の始まり10分間は海外生活や外国の事情を話され、授業の最後には、札幌農学校のウィリアム・スミス・クラーク博士が残した“Boys be ambitious!”（少年よ、大志を抱け！）を全員に唱和させられ、私自身、海外へ出たい夢を抱く。この言葉と英語教師との出会いが私の人生に夢とロマンと希望を与え、目標に向かってたゆまず努力する力を与えてくれました。疎開中に丘の上にある僧侶のいないお寺を借りることができ、兎や鶏を飼うとともに、毎朝、広い本堂で母を中心に讃美歌を歌い、父が無事1日も早く戦地から帰国できますようにと祈ったことは懐かしい思い出であります。

受洗の喜び

父が無事復員するとともに商店街の1店舗を購入、1階を店舗と食堂、2階に9人が起居する生活。その店に1953年、WECのロン・フルトン宣教師、マックス・ジェームズ宣教師と通訳の中村穰先生が、クリスチャンである両親を訪ねて来られ吉野地方における伝道を開始。家族挙げて協力をする。

宣教師に導かれ高校2年生の時、「それ十字架の言は亡ぶる者には愚かなれど、救わる我らには神の能力《チカラ》なり。」（Iコリント1：18）、「我モーセと共に在りし如く汝と共にあらん。我汝を離れず汝を棄てじ、心を強くし且つ勇め」（ヨシュア記1：5－6）のみことばにより、罪の告白をし、神の赦しと神の愛を信じ、1954年4月18日イースターの日、前日まで大雨で濁流の吉野川で受洗。感激と寒さで、自分は信仰から、教会から絶対離れないぞと神に誓った受洗の日でした。受洗後は3カ所による子供集会の奉仕や宣教師とともに路傍伝道に時間を尽くす。英語の単語を覚えるより、聖書のみことばを暗記するのに一生懸命の日々を過ごし、いくつかのキリスト教通信講座にも時間を費やす学生時代を過ごす。

就職か神学校かの岐路

高校卒業時、神学校に行くか、外国語を学び海外への夢を実現するか悩み、宣教師その他にも祈っていただくが、終戦後の生活困難な時、姉2人、妹2人、弟2人の長男として、神学校をあきらめ大阪外国語大学を受験するも失敗、浪人することもできず関西外国語短期大学英米語科に入学。卒業時、中小企業の貿易部員募集で入社し、神に導かれ守られ良き業績を上げるとともに入社4年にして、海外に出ることの困難な時、1年間、商品調査と市場開拓のため北欧から北米へ渡航。今では思いもよらぬ、米国1ドルが360円、英国1ポンドが1008円の時代。もし、大阪外国語大学に入学を許され、4年間学んでおれば、大企業に就職し窮屈な職場生活をするとともに、海外へ出ることは夢の夢であったか知れないと思うと神様の計り知れない導きに感謝でした。数えてみれば46カ国訪問し、海外のクリスチャンとも良き交わりができていることは感謝です。

結婚、転会

就職、結婚を機に、宣教100年を記念して奈良の地に建てられた日本基督教団大和キリスト教会へWEC吉野キリスト教会から転会するとともに、教会近くのクリスチャン村の一角に家を建設移住。この教会で初代大阪クリスチャンセンター理事長であり大阪朝食祈祷会の発起人、企業経営者である阪田素夫さんに会い、彼のようなクリスチャンビジネスマンになりたいとの目標を与えられ朝食祈祷会に連なる。結婚に際しては、将来の伝道のためにもオルガン奏者をと願い、妻は今も教会礼拝奏楽者として用いられていることは感謝です。

大阪朝祷会への導きと感謝

私は24歳の時に大阪朝食祈祷会（現・大阪朝祷会）に導かれ出席。当時は大阪だけで毎週月曜日の朝、出席者は100人を超す人たちが集まり簡潔で熱心な祈りが捧げられるとともに、食事と交わりの時には、キリストにある夢やビジョンが語られ、ボブ・ピアス博士や超教派による特別伝道集会の企画などが語られ、若者に夢と希望を与えられました。

そんな中、私が1960年9月から海外へ1年間出ることを伝えると、若い一青年のために皆が真剣に祈ってくださる。感謝感激し、海外の行く先々から感謝の手紙を書くと、それを週報に載せていただき祈られていることに感謝をし、帰国後も朝祷会の常連となり、80歳の今日まで朝祷会の喜びを与えられています。

なお、1961年に3カ月ほどニューヨークのWilliam Sloane House YMCAを拠点に活動している時、バイブルブレックファーストコミティの委員として奉仕する機会も与えられました。

「少年よ、大志を抱け！」の続き

終戦後の中学生時代に学んだ大志を抱くことについて、家族や家庭のためにもしっかりと金儲けをし、過去の裕福な生活を取り戻さねばと一生懸命働いたことですが、1989年に北海道を旅し、さっぽろ羊ヶ丘展望台にある「クラーク博士像」に行くとともに、北海道庁舎2階の踊り場の壁に大きく記されている「少年よ、大志を抱け」の続きの言葉に、その後の生き方、人生観を変えさせられました（壁に記されていたのは「少年よ、大志をもて」

であった)。

「少年よ、大志をもて。それは金銭や我欲のためにではなく、また、人呼んで名声という空しいもののためであってはならない。人間として当然そなえていなければならぬ、あらゆることをなしとげるために大志をもて。」

聖書のみことばとクラーク博士の言葉により、少年時代の弱虫を解消され、主が常に共にいてくださる信仰と喜びを与えられ雄々しく生かされていることを感謝するものです。

朝祷会の恵み

毎週の教会礼拝と祈祷会は勿論、特に朝食祈祷会・朝祷会を通じて国際ギデオン協会、キリスト実業人会をはじめ超教派の先生方や信徒の皆さんと交わりを与えられるとともに、広くキリスト教諸団体とのかかわりを与えられたことは私の信仰生活にとって大きな財産であり喜びです。

特に、朝祷会全国連合会長として奉仕させていただいて以来、退任後も全国の祷友にお会いするたびに「会長のため祈っています」と声をかけられ感謝です。命の続く限り、朝祷会の皆さんと「まず第一に勧めます。願いと祈りと執り成しと感謝とをすべての人々のためにささげなさい」(Ⅰテモテ2：1)、「神は、すべての人々が救われて真理を知るようになることを望んでおられます」(同2：4)のみことばを信じ、執り成しの祈りに励む者でありたく願っています。

これからの人生と祈り

「主の選びを受け、主が共にいてくださる」ことは、キリスト者にとって最大の喜びであり励ましです。毎日の聖書拝読を通して脳の活性化と神の愛を日々確認し、心身ともに健康で教会生活を送りたく願います。祈りこそ信仰者に与えられている恵みの賜物であり、祈り祈られる恵みを感謝する者です。

私たち夫婦の日々の祈りは、詩編71篇18節「わたしが老いて白髪になっても　神よ、どうか捨て去らないでください。御腕の業を、力強い御業を　来るべき世代に語り伝えさせてください」です。

米田昭三郎
（一財）大阪クリスチャンセンター　理事長／朝祷会全国連合　元全国会長／日本基督教団　大和キリスト教会会員／大阪朝祷会　世話人代表／日本キリスト伝道会　副会長／イエスの友会　中央委員／朝祷会レギュラー出席／大阪朝祷会（毎週月曜日）／シェラトン都ホテル朝祷会（毎週金曜日）／奈良朝祷会（毎月第2、第４火曜日）

信仰の醍醐味

イエスの友会会長／日本基督教団東京信愛教会牧師
鈴木武仁

序

わたしが小石川白山教会に通い出し、藤田昌直牧師より受洗したのは22歳のことであった。同師は日本ケズィックコンベンションに関係しておったことから、勧められて箱根の聖会に参加する機会を持ったことがあったが、そこに招かれた綺羅星の如き講師陣の説教を聞き、説教とはこういうものかと学んだものだった。それが説教の概念を決めるものとなったのは言うまでもない。

藤田師を中心にこれら講師たちの書物は翻訳されておったので、それを買って読み出した。殊に英国人のアラン・レッドパスのものに惹かれ、ヨシュア記を取り扱った『勝利の生活』（クリスチャン文書伝道団、昭和39年）、ネヘミヤ記を取り扱った『勝利への奉仕』（CLC暮らしの光社、昭和50年）を読み耽った。それが献身への道を備えたのは言うまでもない。

1　出会い

しかし、信仰が形成されていった経緯は、ただそれだけではなかった。父・鈴木武男は信濃町教会の高倉徳太郎牧師から受洗し、母・鈴木胡夜子は、佐野教会の長島喜八牧師から受洗して、共に主の為に献身し、埼玉県大宮で開拓伝道をし、「人にせられんと思うことは、人にもまたその如くせよ」（マタイ7章12節）、「与うるは、受けるよりも、幸いなり」（使徒20章35節）と常々語っていた。日本基督教会の牧師として短期間、御殿場教会を牧会したが、満州に移住し満蒙開拓団で働いていた。終戦と共に帰国し、大宮ルーテル教会の伝道所として開拓していたが、独立し、賀川豊彦牧師の提唱していた生活協同組合運動、世界連邦運動に共鳴して、宮原子供協同組合を設立し、付属「子供の家」という幼稚園まがいの無認可の幼児施設を運営していた。それは子供の協同組合の創設であって、決して単なる幼稚園ではなかった。この両親の信仰的影響を受けたのは言うまでもない。

その後、わたしは、中学になって父が関係していた双恵学園中学校（埼玉県北浦和市）に入学したが、それは日本改革派教会の重鎮であった松尾武牧師が創設したものであった。同師は新改訳聖書の翻訳責任者をしながら改革派信仰の本質を徹底して教えておられ、授業の前に礼拝が毎朝ある学校で、まるで神学校のようなところだった。そこに集まっていた教師たちの信仰がその後の生涯を決めることになった。日曜は改革派大宮教会に通った。ここでの学びは、経営的行き詰まりから閉校となり2年間で終わり、わたしは東京港区にある明治学院中学校3年に編入した。校長は佐藤泰生先生、気迫あふれた方で、後にキリスト教学校教育同盟総主事をされた。当時の院長は武藤富男先生で、入学にあたって院長室を訪ねた時、初めてお会いした。賀川豊彦先生の信任を得て、教文館の再建を見事に成し終え、キリスト新聞社をも任され、さらに明治学院の経営にまで

及んでいた。その院長が少年のわたしに会うなり「君はどのような歴史観を持っていますか」と尋ねられた。しどろもどろに返答したのを覚えているが、それが後に神の必然・摂理に対する確信を得る契機となったのである。またこの1年の間に、大宮駅前の書店で手にした賀川豊彦著『一粒の麦』（世界教養文庫）を通して賀川豊彦先生に興味を抱いた。さらに賀川先生の世界連邦観に関心が及び、『平和の頂点』というレポートを千原先生の社会科の授業で提出したのを覚えている。明治学院での生活はわずか1年であったが、後にカール・バルトの研究家・山本和先生と親しく接するようになり、キリスト教歴史観を学ぶことになった。同氏は分厚い『救済史の神学』（創元社）を書かれているが、それは京都大学での博士（文学）論文を纏めたものであった。このようにわたしの信仰は人との出会いによって感化されて形づくられていった。

2　必然の思想

そういえば京都帝国大学教授であった九鬼周造は「偶然性は必然性の否定である」（『偶然性の問題』岩波文庫、2012年）と言われたが、カトリック信徒の彼にしても、事物はいかに偶然的に現われようとも、なお根底においては偶然的でなく、必然的なものであって、偶然それ自体がその必然性の道具にすぎないと考えていたのであろう。つまり偶然と見える事柄を統御する神の摂理が横たわっており、何一つ神の計画を離れて存在するものはないと考えたのであろう。この考え方は、神の必然ということへの徹底であり、わたしの信仰に神の愛の確信をもたらしたものであった。

この考え方が裏付けられたのは、しばしば恩師の藤田昌直師が「困った時は祈りなさい」と口癖のように教えてくれたことによっていた。米国オレゴン州ポートランドに留学した時、生活費も碌になく、ただ信仰によってアブラハムの心境で、「行け」と命じられたところに「はい、行きます」と旅立つ決意であった。信仰とはそのようなものだと考えていた。ところが送別会を持ったその日まで旅費はなかった。なんとか餞別が集められ、それで渡米した。

着いてみれば、学費や宿代、学費がかかる。餞別で集まったものでなんとか賄ったが、3カ月も経つと底をついた。異国の地で言葉もままならず不安に襲われ、藤田牧師に「困った」と手紙を書いたが、「祈りなさい！」と突っぱねられ、やむなく祈った。どうすべきか、もはや万事休すと、恥を忍んで帰国することも考えた。そんな時、どういう訳か澤正雄長老が中心になってわたしのための支援の募金委員会が立ち上げられ、同時に米国の神学校でも留学生のための学費支援の募金がなされた。わたしの顔写真を入れた募金趣意書が作られ、必要経費が満たされて、学びを続行できたのである。どうして偶然に支援募金が起こったのか、それはどうしてだったのか、その後何度も考えたが、それは祈りによるに違いないと思うようになった。人が祈ると何かが動き、働いていることを感知するようになった。これが一体何か、その後、帰国してからも考え続けた。

帰国して、父の書斎で発見した書物があった。それは榊原巌著のアナバプテスト研究の著作集であった。留学中、クエーカー教徒の教師の人格的魅力に魅せられたが、アナバプテストの思想や生活を読み知るにつれ、彼らのことをもっと知ってみたくなった。読み祈るうちにこれまでとは全く違った世界を見ることになった。みことばに徹底して従うとはどういうことか、いかなる迫害を受けても守る信仰とは何か、そんなことが本当にできるのか、そんな感じを受けた。

1979年頃より、藤田昌直牧師は、日本聖書神学校教授や白山教会牧師を退任され、実践宣教研究所を開設し、白山教会では名誉牧師として残っていた。その研究所には金子益雄牧師や淵江淳一牧師、柿本俊子牧師、篠原セツ牧師らが集まっておられた。そこに参加していたわたしは、金子先生と淵江先生の誘いでイエスの友会に参加するようになった。それは賀川豊彦牧師が1921年（大正10年）に結成したもので、教会及び地域における奉仕と伝道のため「敬虔、労働、平和、純潔、奉仕」の五綱領を遵守しつつ、互いに同志的結束を以って日本の救霊と世界の平和のために祈り、実践することを目的にする団体であった。賀川豊彦先生の思想理念を継承し、一人一業、下座奉仕を実践していこうとする運動体であった。当時の代表は、聖隷事業団会長の長谷川保氏であり、元衆議院議員で、日本の福祉行政に貢献した方であった。父と同じ信濃町教会の高倉徳太郎の指導を受けて信仰形成された方で日本神学校でも共に学んだ方であった。そんな関係でイエスの友会に参加するようになって間もなく、長谷川委員長から書記に任命された。そのイエスの友会の関係から高橋玲二牧師とも出会い、日本福音学校の奉仕も始まり、島村亀鶴牧師、原登牧師、加藤亮一牧師、吉本美枝牧師との出会いがあり、多大なご指導を頂いた。

たしかに賀川イズムは実践の信仰であるが、既に1960年に賀川先生は召され、残されたイエスの友会の信徒は、その賀川イズムが一体何であるかがはっきりしなくなり、同窓会的な集まりになっていた。かつての青年も老人となっていた。にもかかわらず賀川先生に倣えと告げられた。何を倣うのかもわからず、キリスト新聞社発行の賀川全集を読むようになった、それでもまだはっきりしないことが多かった。

3　聖霊理解の隠し味

ある時、ウオッチマン・ニー著『霊の解放』（日本福音書房）に出会った。その中国人の名前を記憶していた。かつて小石川白山教会教会堂の牧師室の書棚の中にその方の英書が数冊保存されていた。説教でもしばしばその名前が語られていたので気になっていたが、藤田昌直牧師は、「説教の隠し味として彼の書を使っていた」ようだった。彼の思想は、D・L・ムーディーと同じ流れのようだったが、そのシカゴにあるムーディー記念教会には、あのケズィック聖会の講師であったアラン・レッドパス牧師が牧会されたことがあった。ニー兄弟の同労者のウィットネス・リー兄弟の書物も合わせ読むうちに、賀川豊彦先生が語っていたことの意味が次第に明らかになっていくことに気づいた。殊に、聖霊の内住というのが、神の国の本質であることが理解できるようになった。

それらの書物は、聖霊理解への隠し味であった。賀川豊彦先生が、なぜ協同組合運動を展開し、協同組合国家による世界連邦を建設し、世界平和を実現することが、神の国の建設となるのかが妙にわかるようになった。それ以来、聖書の解き明かしが楽しみになって、聖書の学びをするとどんな疲れでも取れる。祈っては感謝し、瞑想し、みことばと格闘する生活が日常となっていき、聖霊体験を楽しむ生活が始まったのであった。

結　論

人には偶然とみえることも、すべて神の必然の結果起こるのであろう。神の王国の憲法（イエスの「山上の垂訓」マタイ5－7章）に従い実践する以外、聖霊の充満を経験することは難しいと思えてならない。それは、この世の価値観が転倒した思想だが、認めること自体、信仰なくしてできないのではなかろうか。ナザレの大工イエスの弟ヤコブもまた、はじめイエスを狂人扱いしていたが、やがて尊敬しだし、ルターが「藁の書」と呼んだ『ヤコブの手紙』を書き、高い倫理観を勧め、不可能と思えることでも祈れ、と教えた。それは実に「山上の垂訓」にそっくりであった、と賀川先生は書かれたが、そのことにも気づくように変えられ、神の王国の倫理を生きることのリアルを楽しむようになったのは信仰の醍醐味なのであろうか。

主の召し

日本基督教団舘坂橋教会牧師
村上義治

1967年6月18日（日）、生まれて初めて教会の礼拝に出席しました。19歳でした。出席に際し緊張の面持ちだったことを今でも鮮やかに覚えています。教会は結果的に母教会となった東京都江戸川区にある小松川教会（原登牧師）でした。

故郷の熊本で大学受験のため1浪し、合格できず2浪目に上京しました。新宿区四谷にあった牛乳屋の寮に入り、配達のアルバイトをしながら予備校に通いました。それなりに充実した日々でしたが、暫くして知人のいない生活に寂しさを覚えるようになり、1年前に上京していた親戚の知人に電話をしました。驚いたことにその人は、教会に通い既に洗礼も受けていました。会うことになりましたが、教会の礼拝でした。自分の思いには絶対にないことでしたが、久しぶりに知人に会うためには仕方ありません。結局、教会という未知の世界に行くことになり少なからずの緊張を強いられました。

礼拝は、さしては大きくない礼拝堂に百数十名の方々が集い、ぬくもりと言いしれない経験したことのない聖さがありました。何が語られたかは全く覚えていませんが、それからの1週間聖いものに包まれたような歩みでした。その後、また知人に会うということもありましたが、不思議と寮からは50分近くかかる教会までの道のりでしたが毎週通うようになりました。礼拝の持つ神聖さは、普段の生活にない魅力でしたが、説教の「罪人」の言葉に戸惑いと疑問を感じました。それなりに真面目に歩いてきた自負がありましたので、理解できずにいました。ただ、だからといって教会を休む理由にはなりませんでした。

間もなく、10代の若者の集い「ホザナ会修養会」があるということで、誘いを受けました。4月からの東京ライフに少し疲れもあり、会場が軽井沢ということもあり8月中旬の修養会に参加しました。2日目朝食前の祈りの時間、同世代の兄弟がマタイによる福音書7章1～5節から、訥々とお話をしました。木訥に思えた話でしたが、「人をさばくな。

自分がさばかれないためである……」から説き明かされる世界は、心の中に秘められた罪をいやというほど認めさせられ、涙でしか抗えませんでした。集会後牧師から「村上君どうした？」と聞かれ、その後導かれ罪の悔い改めの祈りをささげました。主イエス・キリストの贖いの十字架を信じ救いの喜びに溢れました。木立の中の教会の一室で経験した爽やかさは、朝靄の中、林に差し込む光のそれと同じ経験で、50年前の8月15日のことですが、わたしの生涯で消すことのできない記憶です。

その後、改めて聖書を読み直してみると驚くべきことに、まさに今まで難解であった言葉が、海綿が水を吸うかの如く心に染みこみ、喜びに溢れました。しかし、マタイによる

福音書7章21節「わたしにむかって『主よ、主よ』と言う者が、みな天国にはいるのではなく、ただ、天にいますわが父の御旨を行う者だけが、はいるのである」とのみ言葉に出会い悩みを抱えることになりました。今まで進路として目指してきたことは、南極探検家になることか、教師になることでした。どちらも神様の御心に適わ

ないとは思えませんが、このみ言葉でその進路がまな板にのせられたような思いになり、気のせいだでは済まされなくなりました。8月の経験から、12月には洗礼を受けることは決めていましたが、この問題はその頃でした。この時期は、間もなく受験でもあります。わたしは、理数系を希望してここまで準備をしていました。もし、このみ言葉の問いかけで進路変更するとしたら、英文科が適切だろうと想定しました。すると文系、長年準備してきたこととかけ離れたことになってしまう、どうしよう、困惑しました。

そんな中、クリスマスを迎え12月24日の礼拝で「父・子・聖霊の聖名」で受洗しました。浸礼でした。その日は寒さの厳しい日でしたが、洗礼槽から上がった後、不思議と身体がぽかぽかとして受洗の喜びに満たされました。因みに一緒の受洗者は、ビリーグラハム国際大会後だったこともあり12名だったと記憶しています。受洗をきっかけに進路変更することにしました。主の迫りを受けていたのだと思いますが、エイヤッ！　と決めたような気がします。理数系から文系への変更により、私立大学を狙うことにしました。

2浪以上ご免という気持ちもあり、複数校受験しました。今思うといわゆる団塊の世代でもあり、どこも倍率が高く大変でした。しかし、この受験は私の伝道献身への絶対的な機会になりました。実は、複数校の中には現役の実力でも合格できたと思うものがありましたが、祈って準備した受験であったにもかかわらず全部失敗しました。途方に暮れ故郷で心配してくれている両親に申し訳なく連絡することもできませんでした。当時実家には電話はなく電報がその手段でしたが、できずじまい。今思うと嘘のようですが、自死も考えるような状態でした。数日一日千秋の思いで過ごし、身の置き場がありませんでした。その時教会の人に会うことがいやでしたが、何故か夜の祈祷会に導かれました。目を合わせるのが切なくうつむいたままでの出席でした。教職の方々４人の視線は、気遣いをしておられるのが手に取るように分かりました。集会が始まり聖歌の賛美が始まりました。歌う気分はもちろんないわけですが、聖霊の働きがあったということでしょうか、歌われた聖歌の歌詞は、「どんなに辛いときでも、主イエスが共にいてくださる」という内容でした。不覚にも何番であったかは覚えていませんが、内容は鮮明でした。それまでの自分は、辛さゆえの泣きの涙、しかし賛美を通して心の中に聖霊によって届けられた慰めは、その瞬間喜びの涙に変わりました。その涙の中でこんな祈りをささげました。「神様、わたしは本当に悲しみのど真ん中にいましたが、今言うことのできないほどの心の平安と喜びを味わっています。世の中には、わたしよりも、もっともっと困難な人がいるはずです。どうぞわたしをお遣わしください」。この時どんなことがあったとしてもこの道を進もうと決意しました。祈祷会後先生が祈ってくださいました。

次の聖日、行かなくてはなりませんが、祈ってくれていた方々に会うのが辛いというか恥ずかしいという気持ちは変わらず、いつもより遅く礼拝に行き一番後ろの席に座り、終わり次第飛び出して帰りました。30分ほど電車に乗り四谷駅に降り立ちました。改札口を出て見ると2歳年下の弟（当時高校を卒業してわたしのところに遊びに来ていた）が、わたしを長い間待っていました。彼は、1枚の速達のハガキをわたしに「あんちゃん」と言って差し出しました。そのハガキはなんと願っていた大学からの補欠合格の通知でした。内容は、入学金を納入すれば入学できるというのです。一も二もなくこの知らせを故郷の両親にウナ電（至急電報）し、教会にも電話し先生方に大変喜んでいただきました。この経験を通し、主はわたしの祈りをことごとく聞き入れてくださったことが分かりました。伝道者になるためのかけがえのない導きを主からいただきました。その夜の伝道会に出席し、事の顛末と主の業を証ししました。30名くらいの出席者全員が祝福してくださったことはいうまでもありません。

実は、わたしの家は、父が戦後事業に失敗し経済的窮地にありましたので、大学に通うことは難しい状況にありました。そのためわたしは自分で働きながらということにしました。結果的に、2浪の時から大学生活の5年間牛乳配達をし、生活費・学費等を賄うことができました。その頃苦学生という言葉がありましたが、個人的には生きがいを持ち楽しく過ごしました。また当時の大学は、学園紛争時代で社会的に大きな不安がありました。大学生活は、校舎を学生運動家によってロックアウトされ数カ月も授業が行えないことが数回あり、不安定極まりない状態でした。しかし、時代の洗礼を受けつつも教会生活を中心とした歩みで支えられたことは、最大の恵みでした。

大学卒業後、教会の一室に寝泊まりし東京聖書学校に3年間通いました。25歳から27歳でした。高校からの友人たちはすでに就職し、生活設計も立てていました。一方神学生の立場は、この世的なことからすると保証があるわけでなく神様に頼る訓練期間となりました。伝道者になるということの素晴らしさを学びつつも、厳しさを体感しました。

卒業して、教会に遣わされ御用をして既に40年以上になりました。その間、結婚し子どもが3人与えられました。いろいろな経験をさせていただきましたが、特に思わぬ困難に遭遇した時、いつも踏みとどまる力になったのは、あの入信と召しを受けた時のみ言葉と、その後の召命への確かな体験でした。

今振り返ってここまで主の業を担わせていただいたことは、感謝の一言です。そして、このような者を用いようとされた主の忍耐と支えに、これからも何とか応えようと祈っています。最後になりましたが、伝道者として働く以前に描いた祝福よりも、実際の働きは豊かであったと証しいたします。

祈　り

湯河原教会牧師
金子信一

わたしの父益雄は朝に夕に祈り、祈りの人でありました。祈りは聞かれる。しっかりとした理念に基づき祈りを実践し、その姿を示してくれていました。ですから祈ることにおいて真剣で熱心だったんです。朝早く起きだして出かけて行って、今日はどこどこの朝祷会、今週はここ、来週はあそこ、その次は、という具合で、朝祷会に奉仕していました。また、何かあるとしばらくの間毎朝教会で静かに祈っていました。何度となく一緒に祈りました。

父のその影響もあってかわたしは、これまでに青山朝祷会、四谷朝祷会、代々木朝祷会、横浜朝祷会、横須賀朝祷会、平塚朝祷会、小田原朝祷会、湯河原朝祷会、熱海朝祷会と奉仕させていただきました。今では小田原、湯河原、熱海は毎月のように出席させていただいております。時には、発足やら、引継ぎのときなどその朝祷会に関わらせていただいた恵みを思うとき、引き継いできた信仰の重さを感じます。

どう祈るか悩んだこともありますが、とにかく御心がなるように祈ることを心掛けるようになりました。日常の祈りもそうですが、わたしは、祈りには必要な要素があって、祈りは主への呼びかけであり、主への賛美、悔い改めであり、嘆願、感謝をもって執り成しを祈り、御心が行われますようにと頌栄で締めくくる。このような祈りを心掛けたいと思っています。

月に1回、奉仕させていただいている児童養護施設での夕礼拝で、子どもが祈る祈りが、素晴らしく、簡潔にまとめられているので、その祈りをご紹介して、皆様の祈りに加えていただけたらと思います。

児童養護施設城山学園での祈り

〈呼びかけ〉わたしたちの神さま、

〈さんび〉あなたをあがめ、ほめたたえます。あなたはわたしたちを愛して、数え切れないほどの恵みをわたしたちに与えて、あなたのみ業を示してくださいました。

〈悔い改め〉しかし、わたしたちは、ほかのことに心を奪われて、あなたを悲しませました。またほかの人を大切にしませんでした。

〈嘆願〉どうぞわたしたちの罪をゆるして、あなたに喜ばれる子どもにしてください。

〈感謝〉今日も、あなたに招かれて、礼拝の場に集まり、みんなと一緒に礼拝できることを、感謝します。

〈執り成し〉まだキリストを知らない人が、あなたの愛に気づきますように。病気の人や、悲しんでいる人、苦しんでいる人や、さびしい人を忘れないでください。どうぞ世界を平和にしてください。そのためにわたしたちができることを、教えてください。

〈頌栄〉

どうか、あなたのみ国が、早くきますように。イエスさまのお名前によってお祈りします。

アーメン。

停職一年……主は共におられる

NPO法人国際比較文化研究所理事長／イエスの友会中央委員
太田敬雄

「ギデオンは、ミディアン人に奪われるのを免れるため、酒ぶねの中で小麦を打っていた。主の御使いは彼に現れて言った。『勇者よ、主はあなたと共におられます』」
（士師記6：11b－12）

母によると、私は3歳の時に「先生になる」と言ったそうです。まだ幼稚園にも入る前のことですから、純粋にただの憧れで、それも父親が教師であることに誇りと喜びを持っているのを感じていたからなのでしょう。教師が何なのかも全く分からない時から先生に憧れ、以後ずっと教師を夢見て育ちました。

1942年に滋賀県で生まれ、父が教師で、私が過ごした世界は当然小学校、中学校ですから、学校と先生以外の世界は全く知らなかったといって良いでしょう。教師になりたいという思いはずっと持ち続けていましたが、それ以外の職業も生き方も知らなかったというのが本当のところだったように思います。

中学頃までの私の教育についての知識は、父親が断片的に語る言葉がすべてでした。中学生の時、そんな私を連れて父は当時教えていた日本聖書神学校に連れていってくれたことがあります。学校で父は鉄筆で原紙を切りガリ版で試験問題を印刷していました。私も手伝わされ、刷り上がりに濃淡が出ないようにインクをつけ、均等に力を入れてローラーを押すことを教わりました。採点も父の脇で見ていましたが、それについては父は一切何も言わなかったように思います。職業としての教師訓練はそれがほぼすべてでした。

勉強嫌いで、小学校・中学校では殆ど授業に集中することもなく1人で夢見ていた私は限りなく落ちこぼれに近い状態だったと思います。それにもかかわらず「教師になる」という思いだけは強く持っていました。そんな私に父は玉川学園の創始者、小原國芳先生の元で学ぶことを勧めてくれました。

玉川学園高等部を受験した時のことです。玉川の中学部からの進学者が多く、外からは3名しか取れないと言われ、面接の先生に「落ちたらどうする?」と聞かれた私は、「来年また受けます」と即答しました。当時の面接は親子での面接でしたが、父母は私の答えに仰天したと言っていました。私は本当に玉川以外はないと思うようになっていました。こうして玉川学園での「塾」(寄宿舎)生活が始まり、小原國芳先生の教育論を3年間叩き込まれて育ちました。

玉川学園の創始者、小原國芳先生と父・太田俊雄から教育に対する夢と理想を叩き込まれた私は、高校卒業後アメリカに留学。大学卒業後にたった半年ではありましたが、オハイオ州クリーブランド市のスラム街にある高校に勤めました。そこでの教師生活では、全く別の意味でプロとしての教育者になるための素晴らしい準備期間を過ごすことができました。以後、日本の私学の高校、私学の短大・大学、国立の大学を流

れ歩き、最後に群馬に新設されたキリスト教主義の短期大学に赴任しました。幾つもの大学で非常勤の体験も積ませていただきました。多くの体験を経て、私は教師としての自分に自信も持っていました。

けれども、今思い返しますと私は、ギデオンが「酒ぶねの中で小麦を打っていた」のと同じように、「学校」という安全な環境で自己満足の教員生活を送っていたに過ぎなかったのです。そんな私は、ある日残酷な形で「酒ぶね」から呼び出されました。私の場合は勿論「勇者よ！」と主の御使いが現れて、イスラエルを敵から救い出すように命じられたギデオンと比較できるようなものではなく、学園の理事会からの「1年間の停職」という処分を突きつけられたのでした。

私は労働基準監督署にその不当さを提訴しました。労基署からは理事会に処分を見直すようにと指導が入りましたが、理事会はその指導も完全に無視し、私は1年間自宅での謹慎を強いられることになりました。無給であるばかりでなく、自分の研究書を置いている研究室にも立ち入ることを禁じられての謹慎は、私にとって最も大事だった学生と接することと研究することの双方を禁じる厳しい処分でした。

ギデオンは訴えます。「わたしの主よ、お願いします。主なる神がわたしたちと共においでになるのでしたら、なぜこのようなことがわたしたちにふりかかったのですか」（士師6：13）。それはまさに私の叫びでした。

この世的に私に非があるなら、それはどこにあり、どう正すべきかを知りたく、信頼する弁護士に相談しましたところ、裁判にかけるようにと強く勧められました。「絶対に勝てるから」と。けれども私は、裁判にかけることだけはしませんでした。労基署に提訴した時は夢中でしたが、その後パウロの言葉が頻繁に脳裏をよぎったからです。

「兄弟が兄弟を訴えるのですか。しかも信仰のない人々の前で。そもそも、あなたがたの間に裁判ざたがあること自体、既にあなたがたの負けです。なぜ、むしろ不義を甘んじて受けないのです。なぜ、むしろ奪われるままでいないのです」

（Ｉコリント6：6－7）

「なぜ、むしろ奪われるままでいないのですか」と言うパウロに諭され、私は裁判を避けましたが、それでも「何と不当な処分！」との思いは変わりませんでした。その思いを変えられ、主が私を呼んでおられるのだと気付かされたのは、停職期間が終わり、ＮＰＯ法人を立ち上げて何年も経ってからでした。

「自分は正しい」と確信していた私は、教室という「酒ぶね」の中でひたすら教育と学生のことだけを考えていました。その「酒ぶね」を管理・維持する立場の方々からは眼の上のたんこぶのような存在だったと、理解できるようになるまでには何年もの歳月が必要でした。己の小ささ、視野を広げて見る力のなさを思い知るのに何年もの歳月を要してしまったわけです。

「教育活動」に没頭するあまり、「教育機関の運営」さえ理解していなかった私が、「相互理解に基づいた、平和な地球社会を創る」をモットーに特定非営利活動法人国際比較文化研究所を立ち上げたことは、考えてみれば愚かなことでした。なぜなら、その時点での私は他の文化を理解するどころか、立場の異なる人の考えを受け入れることさえできていなかったのです。「平和な地球社会を創る」という目標を掲げた私に、主は「お前も異なる視点があることを知り、それを受け入れるように」と厳しく諭して下さいました。

私はどんなに不当な処分だと思っても、組織に生きる者としてその組織のルールには従わなくてはならないと常日頃から考えていましたから、「今すぐ退職するなら処分はなかったことにする」との理事会の温情は無視して、処分が停職であるなら、先ずはその停職を全うすることが当然の義務だと考えました。そこで私は停職に甘んじ、処分を全うした2000年2月に退職しました。冷静に考えますと、停職を解かれたあと1カ月少々年休を取って3月末に退職すれば良かったのです。そうすれば次の職を探すこともできたでしょう。年度末の2月に退職した問題教員を受け入れる大学はありません。これが私にとって、もう1つの感謝すべき大きな御業でした。

大学とNPOという二足のわらじを履くことが許されていたら、半生を学校という「酒ぶね」の中で過ごしてきた私は、ヤドカリのように新しい「酒ぶね」に移るだけで終わっていたでしょう。それは主のご計画ではなかったのです。専任校を持たないことで、私はNPO活動に没頭するしかない立場におかれました。

最初に考えたのは、NPOで「民立」の学校を立ち上げることでした。実は停職中から構想を練り「榛名山麓みどりの大学」設立案をまとめ、理想の大学を作ろうと考え、退職後に設立活動を始めました。イエスの友会の会員の皆様や、教え子の皆様、各界の大勢の方々がこの構想に賛同し、私を励まし、協力して下さいました。適当な土地も見つかり、設立事務所を設置し、理想の大学の実現に向けて動き始めました。この構想をまとめた『榛名山麓みどりの大学構想』は、2005年の「愛・地球博」において「アースデイ環境出版大賞」のオンデマンド出版賞に選ばれました。

けれども主は、私が新しい「酒ぶね」を作ることは許して下さいませんでした。協力して下さった大勢の方々の支援に報いることもできないままにこの夢の構想は数年で頓挫してしまいましたが、そこで描いた理想の教育についての夢は今も強く私の中にあり、理想とする教育の実現に向けての熱い想いは私の中で沸々とたぎっています。しかし学校という場ではなく、国際比較文化研究所というNPOの諸活動の中でその熱い想いは生かされています。

研究所で2002年に実施した「多文化交流inぐんま」は新教育への試みでした。韓国、南京、そして高知の大学からそれぞれ10名程度の学生を招いて、10日程度の交流プログラムで、文化の異なる世界の若者が寝食を共にして活動することの重要性を再確認しました。

その後、２００７年から今日まで毎年インドネシアのマランで多文化交流プログラムを、さらに２０１０年から韓国の釜山でも毎年開催しています。国内では２０１０年から毎年２回、「多文化交流inぐんま」を実施し、ほかにも台湾やアメリカ、草津や静岡でも実施しました。最初のうちは私が企画・運営を担ってきましたが、だんだん体力的にも気力的にも私が中心となって実施することが無理になっていきました。そこで徐々に企画・運営を研究所の学生会員に託すようになり、今ではすべて学生会員がStudent Exchange Teamのメンバーとして各プロジェクトを担当してくれます。

２０１４年秋には新しい試みとして「ぐんまカップ」を立ち上げました。海外で日本語コンテストを実施し、勝者を群馬に招聘して交流するというプログラムです。多文化交流においても、ぐんまカップにおいても学生スタッフは何カ月もの間、毎週１回集まってスタッフ会議を開催、実に綿密に企画してくれます。

私が体力的に継続することが難しいという状況もまた、主からの大きな恵みであったのです。結果的にはそれぞれのプログラムの企画・運営のすべてが教室ではとてもできないような充実した教育の場となったのです。私がリードし続けることができないからこそ、若い頃から「夢」に描いていた教育活動ができているのです。教室にも単位にも縛られることのない環境で、スタッフの学生たちが企画・運営しながら成長を続けてくれています。多文化交流プログラムの最後に私は、「このプログラムの終わりで多文化交流が終わるのではありません。今が本当の多文化交流の始まりです。ここで生まれた友達のネットワークを、皆さんが育て、広げていって下さい」と挨拶し続けていました。今ではスタッフの若者たちが声高らかにその訴えを引き継いで語ってくれます。そして、現代の文明の機器をフルに活かして違いを超えた交流の場を作り、育ててくれています。

学校も教室も持たない私は、ときには若者たちと寝食も共にしながら、主が育てられている若者と関わらせていただいています。理想の教育を目指してきた私にとってこれこそが理想の場だったのです。ここに「酒ぶね」から呼び出された者の大きな喜びがあります。

ここでは詳細に報告できませんが、職を投げ打って研究所に加わり、小中学生を主たる対象とした多目的教育施設「まなぱる」を立ち上げてくれた息子も、研究所の活動に幅を与え、主に喜ばれる活動の一端を担ってくれています。

平和な地球社会の実現という、1人の人間では到底実現できそうもない大きな夢にもかかわらず、「望んでいる事柄を確信し、見えない事実を確認する」（ヘブライ11：1）ことを許され、私は今、「酒ぶね」の外で感謝しつつ声高らかに歌っています。

「我が行く道いつ如何に
なるべきかはつゆ知らねど
主は御心なしたまわん

そなえたもう主のみちを
ふみて行かんひとすじに
（讃美歌21：463番）

アーメン

真実な神に導かれて

盛岡朝祷会／盛岡チャペル牧師
水田賢次

生い立ちと信仰をもつきっかけ

私は1955年に山陰の砂丘で有名な鳥取県の田舎で生まれました。男3人兄弟の末っ子でおとなしい性格でした。父親が寡黙な人でしたから、それを受け継いだのでしょう。17歳で専門学校を卒業し、大阪府茨木市（フジテック本社）に勤めました。寮生活が始まり、親元を離れてのことで何日か枕を濡らす日々が続いていました。6帖一間の2人部屋で、鹿児島からきた山本さんと一緒の部屋でした。1年ほど経ったある日、山本さんが町から寮にバスで向かっていた時のことです。何気なく窓の外を見ていたら、

「迷わない人生の秘訣！」と書いたポスターが目にとまったそうです。その夜、そのポスターが気になって気になって眠れず、翌日もう一度確認に足を運んだそうです。

すると「キリスト教特別集会」の案内だったのです。講師はカリスチャペル・村上牧師でした（私は生駒聖書学院で後に3年間、講義を受けました）。

山本さんはクリスチャンになり、毎週日曜日には教会に行くようになりました。寮の同じ部屋でも聖書を読み漁っていました。それまではよく一緒に遊んだりしていたのですが、生活のリズムが合わなくなり、私は寮を出てアパートで1人暮らしをするようになったのです。

しかし、彼とは同じ職場ですし、毎日顔を合わせるのです。彼は以前と比べて何か生き生きとしているように目に映りました。

ある日のこと、彼は茨木市の駅前でハンドマイクを持ち、話をしているではありませんか。彼はかつてはそのような性格ではありませんでしたのでビックリです。

私は思い切って彼の住む寮へと行きました。彼の変わりぶりを確かめようとしていたのでしょう。

すると言うのです。

「きれいな人がいるけど来てみいへん……?」と言って、私を教会に誘いました。

その時、私は19歳の青年でした。ツボに入りました。それで、次の日曜日の伝道集会について行きました。1人の信徒の方がメッセージをされていて、悔い改めの祈りへと導かれました。イエス様を信じたのです。そして、アパートに帰っても1人ですが、寂しくないのです。

礼拝に行くのが楽しくなっておりました。

当時、茨木キリスト福音教会(大阪)では路傍伝道が盛んでした。しかし話下手の私は、それが恐怖以外の何ものでもありませんでした。それで洗礼を拒んでいるような小心者でした。また、この世の誘惑が邪魔をして、礼拝に行かなくなった時もありました。

日曜日にアパートに1人いますと、ドアをたたく人がおりました。「水田くん、水田くん。教会に行こうよ。」心臓はドキドキ。部屋にいるのですが、出ることができず居留守を使ってしまいました。「次の週も迎えに来るぞ……。」山本さんが来そうな気がして、会わないようにアパートから出て、商店街を歩いておりました。

すると案の定、自転車に乗って正面から来ているではありませんか。「これは大変！」とっさに目の前のお米屋さんに飛び込んでいました。数日前に買ったばかりでしたが、入った手前「一番少ないお米をください」と言って切り抜けました。彼は店を通り越して行きました。私のアパートに迎えに行ったのでしょう。

しかし、私を信仰に導いてくれた山本さんは断食をして、とりなしの祈りをしてくれていたそうです。後になってから神学生の方から聞きました。

職場での休憩時間に山本さんが、「水田君、信仰もたないと滅びるよ！」と言うではありませんか。内心、「脅しか！」と怒る思いが込み上げましたが……、聖なる恐れでしょうか？

「大阪の街でラジオクルセードがあるから行こう！」と誘われて出席することができ、教会生活を回復することができました。

しばらくしてからの祈祷会で、司会者が「この中で聖霊をまだ受けていない人がいます。前に出てください」と招きがありました。まだ洗礼も受けておりませんし、聖霊のこともよくわかりませんでしたが、聖霊を受けていないのは確かでした。そのような中、使徒の働きの10章45－46節の異言の伴う聖霊の満たしを体験させてくださいました。

それから受洗に導かれたのが1975年4月でした。ハレルヤ！　主に感謝します。

献身への道

今までは会社が終わると決まって行く所は、パチンコ屋でした。

しかし、同じ職場で救われた3～4人の兄弟たちと教会に行き、ギター、トランペット、タンバリンを持って、阪急電鉄の茨木駅前で讃美や証しをするようになっておりました。

本も読むのが苦手な者でしたが、不思議と言いましょうか、聖書は別でした。電車の中でも読んでおりますし、職場にはポケットサイズの新約聖書を持参しており、休憩時間やトイレでも読み漁っておりました。

アパートで聖書を読んでいた時、「わたしに従ってきなさい。あなたを人間をとる漁師にしてあげよう」とのみ言葉が心に響いて離れなくなっておりました。

そのような時、「教会から5名の献身者が起こされるように」との祈りが集会ごとにされていました。ある時は24時間の連鎖断食祈祷会が始められました。私も仕事帰りに会堂に向かい、1時間ほどの祈りをささげました。疲れていて寝てしまっていた時間もありましたが……。「わたしに従いなさい」とみ言葉が響いてきます。

数カ月後、信徒修養会があり大阪シオン教会の森谷牧師が特別講師で、み言葉を取り次いでくださいました。

最後の集会で献身の決心者が前に進み出て、お祈りをしてもらっておりました。私は疲れて眠っており、チャンスを逃してしまったのです。半面、ホッとした思いもありました。なぜなら神学校に行くと、皆さんの前で話をするようになるのが目に見えていたからです。

でもその時から心に平安がなくなり、職場で仕事をしておりましても失敗が多く出るようになっていました。主の導きに従っていない故でした。

そのような中、1人の神学生に心の内を相談したのです。

「兄弟は委ねきっていませんね。主にすべてを任せて従っていきましょう」と直言してくださいました。「ハレルヤ、明け渡します」と祈った瞬間、せき止めていたものが取り除かれ、平安で満たされました。

救われて1年後、献身に導かれ同じ教会から3名が生駒聖書学院に入学させていただきました。

家族の救い

1年生の夏休みのことでした。祖父（83歳）が前々から具合が悪く寝たきりの状態でしたが、祈祷会で皆さんに祈っていただき、帰省しました。ベッドに横になっている祖父に話しかけますが、孫であることも認識できませんでした。30分ぐらいベッドの横で時間を過ごしておりましたら、「賢次か。帰ってきただか。わしの人生振り返っても何も残ってない」と言うではありませんか。「私は教会に行って聖書から真の神様、キリストを信じて変えられたよ。おじいさんも信じて救われようよ」と言いますと、素直に主を信じてお祈りすることができました。

クリスチャンになって初めて決心に導くことができたのは、祖父でした。

また、母は息子がどんなことをしているかが心配で大阪まで来たのです。打ち合わせをしたわけではありませんでしたが、豊中市にある公民館を借りての伝道集会でメッセージをすることになったのです。神の導きでしょうか？　母もイエス様を信じてお祈りをすることができました。

聖書学校の卒業式には両親とも出席し、植竹師を通して語られるみ言葉に応答し、決心のお祈りをすることができました。

卒業後、福岡県に6年間遣わされ、その後、長崎県に開拓伝道に派遣されました。30歳の時でした。母が胃がんになり胃をすべて摘出することになりました。そのことが大きなきっかけとなり、主を求め鳥取希望教会で受洗（64歳）することができました。ハレルヤ！

毎日のように路傍伝道をしつつキリストを伝えておりました。生駒聖書学院の伝道キャンペーンで長崎大学の医学部の学生の平井兄弟が導かれ救われました。伝道熱心で3名の医学生も導き救われました。

また、心の病をもった方々も沢山来られるようになり、牧会の難しさを強く感じるようになってきておりました。

経済的には新聞配達をしつつ、やりくりする日々でした。そんなこんなで6年間、長崎での伝道でしたが、行き詰まりを覚え、医者になったH兄弟に群れを委ねて、東北の宮城県にある拡大宣教学院に行くことになりました。

永井牧師の副牧師として、聖書学院では伝道実践を担当し、学生たちと路傍伝道・訪問伝道などを行っておりました。妻は3人の子育てをしつつ3年間の学びをすることができました。

4年後、岩手県盛岡市に開拓伝道を開始する運びとなりました。ワゴン車に布団、カセットコンロを積み込んで寝泊りしながらの伝道でした。

訪問伝道、路傍伝道、トラクト配布をしつつ求道者を掘り起こし、家庭集会等で交わりを深め信仰の決心に導きました。救われる方々も起こされ始めました。またホテルにはチャペルブライダルの案内に回りました。自動ドアが開かれるかのように次々に開かれていきました。

そんなある日、父が肝臓がんになり入院することになってしまいました。

しかし、すべてに相働きて益に変えてくださる主です。郷里に帰り入院中の父を見舞い、福音を伝える中、主イエス様を信じ受け入れることができました。母の立会いのもと病床洗礼を受けることができました。1999年8月6日のことでした。2000年2月22日に天に召されていきました（享年89歳）。

それを機に、母も岩手に来ることを願い共に生活することになりました。

ブライダル宣教も盛岡朝祷会との出会いの中、多くの方に祈られ支えられ、軌道に乗り、経済も祝福され2000年の7月にかわいい会堂と牧師館が与えられたのです。

母は農家の出身でしたので、近くに畑を借りて野菜を作ってくれておりました。「大根を収穫してくるから」と言って自転車を押して出かけました。夕方になっても帰ってきませんでした。交番に電話をかけて捜索願いを出した方がよいとアドバイスをいただき手続きに出かけました。

明朝、警察の方から携帯電話に連絡が入りました。あるお宅の畑に倒れて亡くなっている人がいると……。駆けつけてみると母だったのです。お医者さんいわく、心臓麻痺という診断書（享年77歳）でした。家に連れて帰り、2階の母の部屋に寝かせました。

次の日はその会堂で最初の結婚式がありました。信者さんの息子さんの挙式でした。

1階の会堂で結婚式です。私が司式を予定通り行いましたが、なんとも言えない気持ちで講壇に立っておりました。

「新婦、入場です」。その時、主は「あなたのお母さんは、私の花嫁として迎えましたよ」

そんな思いを与えてくださいました。

無事に挙式がすべて整い、翌日は同じお花を使わせていただいて母の召天式をさせていただきました。さながらキリストとの婚礼のようでした。

マラナタ、主よ、来たりませ。アーメン。わたしはすぐに来る。

信仰への導きと今日までの歩み

大森福興教会伝道師／新宿福興教会会員
菅野広直

私は1939年（昭和14年1月）に東京品川区中延にて一男四女の長男として生まれました。終戦の時は父を東京に残し、母と長女の妹と福島県伊達郡桑折町の祖父の元へ疎開しておりました。祖父は当地の諏訪神社の神主として町に仕えていました。代々神社の系統であったので5人兄弟の男1人であった父はいずれその道を継ぐ可能性はあったのですが、養子の1番下の妹の主人にその道を譲ったのです。父の出身校はキリスト教主義の明治学院であったため、その思想は熟知していたと思います。

その父が後日60歳で病床に臥した時、イエス・キリストの救いにあずかったのでした。

さて、私は終戦後家族と共に直ちに東京に戻りました。その後2年間くらいに大家さんの奥さんが我が家の一室に居住されました。戦後の事情で致し方なかったのだと思いますが、体を悪くされていて、その後結核で亡くなりました。

その影響もあってか、私と妹は小児結核を患い、私は清瀬市の都立久留米学園へ。妹は小児結核療養所へ入りました。私が小学5年の6月のことでした。私は翌年の3月に一旦退園しましたが夏に再発し、10月に再入園したのです。一時気胸の治療を受けながらの入園期間は足掛け3年近くかかりました。

中2から区の学校に復帰しました。それが高校進学へのスタートとなったのです。1954年（昭和29年）都立九段高校への入学が許されました。

高2の春、忘れもしない4月9日の始業式の朝、私にとって重大な事が起きました。朝、目がさめると口びるが震え、左手がしびれ出し、気を失いかけました。その後のことは記憶にありませんが、気がついた時は病院のベッドの上でした。

病院は昭和医大の小児科でした。なぜ小児科かというと、私がうすれゆく意識の中で小児麻痺かも知れないと言い残したからかも知れません。せき髄から取った水は血でまっ赤だったようで完全に左半身が麻痺しており、身動きができない状態でした。頭は割れるように痛く、小水も便も出ず、全部機器によって処理されました。父が前日治療にあたった耳鼻科の先生の所へ行き分かったことは、4月8日夜蓄膿症の治療による右副鼻腔の洗浄のため刺した針が右脳を圧迫し、くも膜下出血を起こしたことが原因だということでした。先生は見舞いに来てくれ、徐々に回復すると思うと言ってくれましたが、4カ月入院するも何の回復のきざしもありませんでした。私にとっては死を免れたことだけでも幸いと思うしかありませんでした。

退院後は病院のマッサージ師が通いで来て治療が続けられました。父が廊下に取り付けてくれた竹竿は歩行訓練の支えとなりました。2年間の休学中、東大病院や他の箇所であらゆる治療を行い、努力し続けました。この期間は人生を考える機会にもなりました。父は、人を恨んでも治る訳ではないので前向きに自分なりに頑張っていった方がよいとも言ってくれました。

父の精神的苦痛は話し合わなくてもよく分かりました。当時近くに住んでいた大学生の従兄が洗足教会を紹介してくれ、時々日曜礼拝に行きました。当時柏井先生が牧師でした。先生の息子さんが従兄と友人でした。伝道師の先生も親切に声をかけて下さっていましたが、自分の体のことで精一杯だったので求道につながる機会は見い出せませんでした。

復学後の2年間の通学は大変でしたが全うして、1959年（昭和34年）青山学院大学経済学部への入学が許されました。入学と同時にSCA（キリスト青年会）に入部し、求道者グループから大森福興教会へ導かれました。休むことなく教会へ行き続け、1960年（昭和35年）イースターに受洗するに至りました。洗礼場所は多摩川の上流でした。牧師は高橋頼蔵先生でした。大森福興教会の先生でもありSCAグループの指導もされていた長女の高橋聖子先生から教会学校の教師を是非やって下さいとのことでお引き受けし、その後の会社の定年までの40年間、その任務を全うすることができました。本当に感謝でした。

教会に初めてきた夏、高校からの延長の精神的疲れから少しノイローゼ気味だったことで東大附属病院の武蔵野中央病院へ入院いたしました。父が教会と連絡を取ってくれ、高橋頼蔵先生が病院へ来て下さいました。祈って下さり、みことばを与えて下さいました。ピリピ4章4節から7節の箇所でした。

「あなたがたは、主にあっていつも喜びなさい。繰り返して言うが、喜びなさい。あなたがたの寛容を、みんなの人に示しなさい。

主は近い。何事も思い煩ってはならない。ただ、事ごとに、感謝をもって祈と願いとをささげ、あなたがたの求めるところを神に申し上げるがよい。そうすれば、人知ではとうてい測り知ることのできない神の平安が、あなたがたの心と思いとを、キリスト・イエスにあって守るであろう。」（口語訳）

この聖書は私を一変させました。暗記して病院の屋上へ行って祈りました。屋上のまわりは鉄柵で囲まれており、誰もいません。みことばを祈りの中に入れ、生かされている感謝とともに私のために主が十字架にかかって下さったことを強く覚えたのです。数十分祈ったあと、私の心は聖霊に満たされ、一変して感謝と喜びにあふれました。それから何日かの後、退院することができたのです。処方された薬も飲む必要を感じなかったのです。9月から始まる授業や、前期の試験にも間に合うことができたのでした。それ以降、大学生活も教会生活も充実した日々を送ることができたのです。

3年生となり7月から就職試験の期間となり、忙しくなりました。どこかへ決めなくてはならないと思い、掲示を見たり就職部へ行ったりしましたが、先ず父とも相談し、当時中小の損害保険会社の大成火災海上保険株式会社を受けることを決めたのです。興味を持っていた業種でもあり、ＳＣＡの先輩の1人が入社していたので情報も得ることができました。かつての耳鼻科医の先生や昭和医大の先生にもお願いして、再発の可能性はない等、業務に支障はないという内容の診断書を提出したのは、後にも先にも私が初めてだと思います。

人事部とは事前面接し、ほかの知り合いの方ともお会いし、もし合格したら是非入社させていただきたい旨申し述べたのです。試験の1つに「私を語る」という作文がありましたが、キリスト教とも関係する私の考えや体験も書きました。

1次試験は通ったのですが、10月までずっと保留が続いたのです。身体検査の細部にわたる数回の検査が社医である順天堂医大で行われ、10月末に正式な合格通知がいただけたのです。その喜びは家族共々にも測り知れないものでした。父にも感謝しました。

１９６３年（昭和38年）３月に卒業、４月に会社に入社、充実した楽しい定年までの36年間でした。１９７８年（昭和53年）に会社から依頼され、身体障害者第１種２級の手帳を取得しました。何も気にしないで過ごしてきたのですが、会社のメリットになるのであればという思いもあり、取得に応じたのでした。

１９６８年（昭和43年）６月に父が胃がんで倒れ、12月29日逝去しました。病床で聖書を読み、祈りの中に高橋頼蔵先生により洗礼を受け救われたのでした。手帳に残されたメモに「君贈りし紅バラの香ただようて洗礼受けしが心うれしき」広利、昭和43年12月13日とありました。

６月から中延の家も新築し、一時父も帰れたのでした。その後母も求道者となり１９６９年（昭和44年）受洗しました。同年12月に私は結婚を許され、１９７１年（昭和46年）の７月に長男、翌年７月に長女が誕生しました。

時も時、１９７１年（昭和46年）12月に家内の父であった高橋頼蔵先生がご病気で召されたのです。生まれて間もない長男直基を病床で抱いて下さり、いい子だとほめて下さり牧師になるのだよと言って下さいました。

１９９２年（平成４年）京都の従兄が東京へ来て着物業の事業の拡大のため、私に連帯保証人の依頼をしてきました。私の父にも世話になったとも言ったので、私は引き受けたのです。10月末に事業倒産となり、中延の家を売却する目にあいました。弁護士や会社とも相談し、自己破産すると会社に留まることができないので定年までの7年半にわたり、給与差し押さえにも甘んじたのです。従兄は3年後くらいに行方不明先で亡くなったことでした。

母は姪のすすめで茨城県のキリスト教施設の筑波キングス・ガーデンへ移住しました。礼拝や祈祷会があり、母にとっては安住の場所でした。約20年居住し、２０１２年（平成24年）に１００歳で逝去しました。

さて先に記した１９９２年の倒産事件は10月29日の夜に判明したのですが、当日の午前中長男は将来の進路を一般大学ではなく神学校へ行く決心を家内と話し合っていました。教文館へ家内と車で行って神学校の資料を集めていて、丁度試験に間に合う神学校を見つけたのです。それは東京聖書学院でした。試験にも合格し入学した後に分かったことですが、高橋頼蔵先生が出た学校だったのです。大森福興教会の頼蔵先生の後は長男の高橋道雄先生が引き継ぎました。道雄先生は、その後青山学院大学の教授も兼任され、キリスト教概論の授業で教えていました。大森福興教会の会堂建設の設計にも関わられ、建設完了後の２００８年（平成20年）11月に逝去されました。その後は道雄師の姉の高橋聖子師が教会牧師を勤めています。２０１６年（平成28年）４月より私は牧師のご了解を得て息子の牧会する教会へ行っております。家内は大森の礼拝の奏楽を終えてから新宿の息子の夕礼拝へ出席しています。

長男は２００１年（平成13年）４月１日大森福興教会で牧師按手を受け、新宿の地に開拓伝道の任命を受けました。当初大久保駅大久保通り周辺の教会の場所を日曜日に安価もしくは無料で貸してくれる場所で伝道していましたが、２００２年（平成14年）４月から現在の北新宿３丁目の場所に移転して教会を継続しています。現在長男には男児２人女児２人がいます。また調布市在住の長女には女児２人男児１人がいますが、日曜日に皆が揃うと恵まれた礼拝となります。現在インターネット伝道もしており伝道の輪も広げられています。

私はかつて頼蔵先生から礼拝や祈祷会で教えられた祈りについて家拝以外でもと思い、1人で多摩川周辺に行くことがあります。静かで誰もいない場所で祈ることは本当に恵まれる経験をすることです。私は現在77歳となっています。人生の先々は分かり得ませんが、残る人生を主にお役に立つように日々歩んで行きたいと願っています。

天に宝を積めますように

盛岡仙北町キリスト教会牧師／山形村チャペル牧師
角谷晋次

天の宝とは

人生の目的は何でしょうか。子どもをしっかりと育てて、次世代へバトンを渡すことも大切でしょう。また、次世代へ「神の信仰」をしっかりと渡すことも大切でしょう。他の視点では、地上に生きているうちに「天」に宝を積んでゆくことも、人生の大切な生き方であると思います。広い意味では信仰は「天の宝」そのものであると言えます。

その「信仰」が、生ける姿で現実の具体的な形をとったのが、「天の宝」であると言えます。私はその「人生の宝」を、若き日に見出す機会を与えられたことは、大変ありがたいと思っています。

島の教会

私は昭和12年生まれで、瀬戸内海の島・山口県周防大島で、高等学校卒業まで生活しました。小学校、中学校時代に『リンカーン』の伝記を読みまして、聖書に対して強い関心とあこがれを持ちました。

高等学校3年の5月に、はじめて島に教会があることを知りました。「安下庄バプテスト教会」です。島では日曜日の昼間は、子どもも田畑の仕事を手伝います。昼間の仕事を終えて、夜に4キロ離れた隣町にある教会へ行きました。教会堂には灯がともり、あたりを明るく照らしていました。

しかし、教会はとてもこわい感じがして、中へは入れません。教会堂の窓の外に立って説教を聴きました。大変よいお話でした。

次の日曜日の夜は、勇気を出して教会堂の中に入って、直接説教を聴きました。牧師は岡野高盛先生でした。そのときから、農村の人も野良着のままで気軽に入れる教会が、私の「夢」となりました。

昭和31年3月に、島の高等学校を卒業しました。岡野牧師が紹介して下さって、宮城県利府町にある「利府農村センター」へ入所することができ、塾生となりました。

齊藤久吉牧師との出会い

利府農村センターの所長は、塩釜キリスト教会牧師の齊藤久吉先生でした。日曜日は、塩釜教会の聖日礼拝に出席しました。すぐその年の5月20日のペンテコステ礼拝の中で、バプテスマを齊藤牧師から受浸しました。

しかし、利府農村センターに、あまりに沢山の夢と期待を持ち過ぎて、半年で挫折してしまいました。その年昭和31年10月にセンターを途中退所して、西宮の牧場で働き始めました。

齊藤久吉牧師に再びお会いしたのは、丁度1年経過した昭和32年10月でした。私の父は船乗りで、貨物船を持って瀬戸内海の下関と大阪間を運行していました。しかし、嵐で船が沈没して、家が破産してしまいました。

父は私に速達で、「これからは家に帰ってきて、家の経済の建て直しに協力してほしい」と、切実な訴えをたて続けに3通くれました。自分の夢に向っていた私ですが、さすがに父の窮状に心を痛め、自分の志を折り、父に従うことを決心しました。

最後に、齊藤久吉先生にだけはお会いして、これからの人生を転換することをご報告したいと願って、塩釜教会を訪れました。

1年前にセンターを途中退所した手前、なかなか塩釜教会の門をくぐれませんでした。夜9時過ぎになるまで外に立ち尽くし、やっと勇気を出して玄関をくぐりました。

1年振りの利府農村センター

齊藤先生は、教会の集会の後に残っていた方々へ私を紹介して下さり、厚い手でしっかりと握手をして下さいました。先生は放蕩息子の私を迎えて、「君の骨を拾うのは、この教会だからね!」と、温かく迎えて下さったのでした。

私はほっとしました。皆さんが帰った後で先生は私の話をじっくりと聞いて下さいました。

「それは大変だね。山口へ帰る前に1週間センターで働いていきなさい。山口までの旅費はそれで出ますから」と励まして下さり、真剣に祈って下さいました。その先生の祈られる姿に、言葉では言い表せませんが、その背後に神様がおられることをひしひしと身にしみて感じました。何とも言えない温かい力を頂いたのでした。

このようにして1年振りに、短期間ですが利府農村センターで働くことになりました。終生交わりを頂く杉船五郎農場主任、山川陽塾生の方々と親しい共同生活が再開しました。

齊藤先生にお会いし、センターの兄弟姉妹に接して、「神様を信じることは、こんなにも平安が与えられるのだ！」と感動しました。「どんな経済的な奈落、どん底の貧乏の中でも、どんな病気の中でも変わることのない平安が、齊藤先生が信じる信仰にはある。これを、なんとしても、貧乏な農村の人々へ伝え、分かち合いたい！」と切実に感じました。

他方では、山口には悲惨なる破産で苦しんでいる両親、家族がいる。身近かな隣人にまず生きるべきではないかと葛藤し、苦しみ、真剣に祈りました。祈った後で結論を出して、

1週間が経って齊藤先生のところへ参りました。

新たなる決意

「齊藤先生、昨年は勝手に途中でセンターを出て、大変申し訳ございませんでした。齊藤先生に再びお会いし、センターの人たちにお会いして、キリストの信仰は、どんな貧乏にも、どんな病気の中にいても、うち勝つことを確信しました。

もう1度利府センターの塾生にして下さい。齊藤先生のもとで聖書をしっかりと学びたいのです。将来、東北の貧しい農村でこの福音を証しし、伝えたいのです。

山口の父には申し訳ないのですが、不孝を許して頂いて、その償いを東北の農村で償いたいのです。私が今、しっかりと福音を体得することが、将来、東北のためになると思うのです」と、真剣にセンターへの再入所をお願い致しました。

齊藤先生は、「そうか、そうか、それは良かった。どうか、もう1度再出発して下さい」と、柔和な温顔で再入所を許可して下さいました。

そのとき齊藤先生は、「自分も若いとき大阪で家が破産しました。助けてくれなかった親戚を、実業家になって見返したいという思いと、他方、全てを捨てて福音の道へ生きるべきかと迷いました。そのときアキスリング宣教師が、迷うときは十字架の道を進みなさいと言われたことを、思い起こしました。そこで、家を捨て全てを捨てて、大阪から東京に出て苦学して神学校で学びました。今では、福音の道を選んで良かったと思います」と励まして下さいました。

利府農村センターへ昭和32年10月に再入所し、昭和34年3月まで1年半塾生として修行しました。再入所したとき、毎日曜日に、齊藤久吉牧師の説教を塩釜教会で聴くことができるだけで感謝であると感じて日々を歩みました。

この間、昭和33年4月、岩手大学農学部に合格して、入学式にのみ出席して、すぐ1年間の「休学届」を提出して帰り、更に1年間利府農村センターで塾生として修行しました。

岩手山村友の会

昭和34年4月から昭和38年3月まで4年間、岩手大学農学部で学びました。学資は母の兄、アメリカにいる伯父が出してくれました。

大学に入った年の7月、岩手県の山村、山形村を訪れました。山形村は当時岩手県で乳児死亡率が1番高い村でした。生活が貧しく、乳児にとって成育に大変困難な生活環境だったのです。このとき、村の教育長の松生利直先生にお会いしました。以後、終生お世話になりました。

村の人は、生活は貧しくてもとても親切で心の温かい人たちでした。

次に岩手大学に入って、学生の立場で学内で福音を証しし、かつ山村で福音を証しするためのキリスト教サークルを始めました。「岩大キリスト研究会」を、会員は私1人で出発しました。その後、会員が4人、6人、10人、13～14人となり活発になりました。学内で「聖書研究会」「祈り会」「少年刑務所での奉仕活動」など、活発に活動しました。

最初は、私1人で山形村の8つの集落へ、リュックサックに幻灯機、キリスト教の紙芝居を入れて「子ども集会」をしてまわりました。

やがて、夏休み、大学祭の休講時、冬休み、春休みに、岩大キリスト研究会のメンバー4～5人で、山形村内8つの小学校・中学校で「キリスト教子ども集会」を巡回しました。

この活動は、岩大キリスト研究会が中心になって、盛岡市内の教会の人たち、岩手県外のキリスト者の方々の応援を頂いて、「岩手山村友の会」が昭和37年10月29日に発足しました。直接活動する学生会員22名、大学教授・牧師の指導者の後援会委員が20名、一般の会費で支援して下さる賛助会員が１００名で出発しました。

この後援会員、学生会員は「岩手三愛山村塾」が活動を始めたとき、講師として多大な応援とご奉仕をして下さいました。

天に「宝」を積めますように

岩手県山形村日野沢集落で、平成15年5月5日に「山形村チャペル」献堂式が行われました。多くの方々の祈りと祝福を頂いて山村伝道の拠点ができました。

平成28年8月6日（土）～9日（火）、第42回岩手三愛山村塾が開催されました。盛岡朝祷会と久慈朝祷会は祈りと具体的なご支援でもって毎年支えて下さっています。

第42回山村塾は4日間開催され、その第3日目の8日（月）に、「みちのく朝祷会大会」を開催しました。青森・久慈・盛岡・栃木の方々が参加され、祈りを合わせて「東北と全日本の救霊」を願いました。

聖書に「富は、天に積みなさい」（マタイ6：20）とあります。岩手の山村で、天に宝を積めますように、と祈りながら進みたいと思います。

小さなことに忠実であること

日本基督教団仁川教会会員／朝祷会近畿ブロック代表
道上朝子

「ごく小さな事に忠実な者は、大きな事にも忠実である。ごく小さな事に不忠実な者は、大きな事にも不忠実である。だから、不正にまみれた富について忠実でなければ、だれがあなたがたに本当に価値あるものを任せるだろうか。」

（ルカによる福音書16：10－11）

ルカによる福音書16章10節の「ごく小さな事に忠実な者は、大きな事にも忠実である」という箇所は私の好きなみことばです。なんと言っても「ごく小さな事」という言葉の親しみやすさに惹かれます。小さな事とは何か？　牧師先生の解き明かしが要ることなのかもしれませんが、日常絶えず起こっては取り組まなければならないこと、ちょっとした頼まれごと、人目につかないあれこれ、と受け取ってもよいのでは？　と思います。

こうしたことをしても、通常、人から感謝もされず賞賛もこないでしょう。このような「ごく小さな事」に「忠実であれ」とイエスは言われているようにも感じるのです。誰にでもできる小さなことなら、わたしにもできるかも、と思うからこの言葉が好きなのかもしれません。

が、よくよく考えると、小さなことを大切に心をこめてすることはそれほど簡単ではないことにも気づかされます。大きなこと、目立つことに対しては、誰でも、失敗してはならない、と緊張し、よく準備し時間も心も使うものです。大きなことを優先し、小さなことに思えることは後回しにして、とその結果、絶えず大きなことに振り回されているというのが私たちの現実の生活のありようかもしれません。

ですが、「小さな事に忠実であれ」とのみ言葉によってわたしの日々は慰められ、静かに導かれてきたと思います。私が生活の中で「小さな事」として大切にしたいと思ってきたことは、1回1回の食事、家族との語らい、友人との交わり、教え子の話に耳を傾けること、自分の言ったことを覚えていることなどです。

心に残っている、小さなこととの出会いがあります。その中で、小さな教え子との思い出をお話ししたいと思います。私は、塾で子どもを教えてきましたが、目の前にいる子どもと、子どもの生活を切り離して考えたことはありません。学ぶことも教えることも、生活全体の中で起こること、また、存在の全体で与え受け取ることのように思います。ですから、日ごと出会う子どもの表情、ある一言やある仕草、それらが語ることを注意して受け止めます。特に子どもはそういった小さなことで心、いえそれ以上に、自分そのものを表現しているように思います。

小学校4年生の男の子でした。顔色が冴えず元気がありません。何かあったの？　と尋ねました。すると、クラスでいじめがあることを話してくれました。何人もの子がいじめにあっているので、今自分はいじめられてはいないけれど不安だと言うのです。聞いた時、私はどうとも、答えることができませんでした。が、彼にきちんとした言葉を返したいとの願いが心に起こされました。

数日後だったと思います。天声人語にいじめについての記事が載りました。いじめが横行していた九州のある小学校で、「あなたを守り隊」、ここでの、守りたいの「たい」は、隊列を組むの隊、なのですが、クラスの子どもたちが「あなたを守り隊」を作って、学校中をパトロールしたり、いじめの通報の受け入れなどをしだしたということでした。結果、いじめは減り、やがてすっかり消滅した、という記事でした。新聞を切り抜きました。さらに、教会で親しくしていたある方に、子どものいじめについて尋ねてみました。すると、その方の次男が高校の時いじめにあったことがあり、その時父親としてこう言われたそうです。「死ぬ気で殴りかえせ、と僕は彼に言ったね。そうでなければ、逃げ足を早くすることだね。」と。知恵のあることばだと思いました。加えて、幸いにも（?）私自身中学生の時にいじめにあったことがあります。その顚末はこうです。男子生徒からいじめにあい、つらかった私は黙って家に逃げ帰りました。後で聞いたところでは、クラスの子どもたちは全員で、「北山さ～ん」と呼びながら、裏山を探したそうです。先生から家にかかってきた電話に出たわたしは理由を話し、再び学校に行き、そこで男の子はきちんと私に謝った、という体験でした。子どもに伝えることのできる言葉が与えられました。あまりにもタイミングよく記事に出会ったこと、教会の方からのアドヴァイスにも神さまの導きを深く感じました。

次に4年生の子どもに授業で出会った時、天声人語、知人のお話、自身の体験と3点セットでこの子に話しました。すると、子どもの顔はきらきらした光るような笑みで満たされていきました。本当に美しい表情で、こちらが感動してしまいました。心に沈んだままま解決のつかないことが閉じ込められていたら、勉強どころではない、といった状態にもなります。小さなことのように見えても大きな、大切なことが秘められていたりする。誠実に対応すると子どもの心は伸びやかになり、この世に対する信頼が与えられると自ずと子どもは頑張るのです。

親は大きなこと、たとえば「成績」や「進学」に一生懸命になりますが、かえって小さなことに心を配り対応することが大切であることも多いと思います。

仕事ですから成績もおろそかにできませんが、私は子どもたちの小さなことば、美しい笑顔、そういった小さなことを大切にしたいといつもいつも思って教えてきました。神さまがもともと子どもたちの内に与えておられる、感動するような美しいもの、真実なものにも出会えたことに感謝しています。

小さなことの中にも普遍的な問題が秘められていることがあり、またある時には、現実に答えを出さなければならない課題が横たわっているのも発見します。これらの問題や課題を神さまから出された問題として大切に扱う時、失敗や困惑を繰り返しながらも、そういう困難をくぐり抜けるようにして、主からくる知恵、慰め、良い出会い、に導かれたことを思います。神さまが真実へと導いてくださる、なんと喜ばしいことでしょう。

お証しさせていただくために、わたしの好きな、このみ言葉の聖書箇所をもう一度読み返してみました。

16章10節の文の前には、不正な管理人の譬え話が書かれています。ちょっと不思議な譬え話です。なぜなら、失職する時に備え、友人を作っておこうと、借用書を少額になるよう不正に書き換えた管理人を、主人がほめた、という話ですから。11節には「不正にまみれた富について忠実でなければ、だれがあなたがたに本当に価値あるものを任せるだろうか」とあります。結論は13節に書いてあります。「どんな召し使いも二人の主人に仕えることはできない。一方を憎んで他方を愛するか、一方に親しんで他方を軽んじるか、どちらかである。あなたがたは、神と富とに仕えることはできない。」であります。

これを読むと、富が支配するこの世と、神の国の対比がもとにあっての譬え話のようにも思われます。この世のお金を不正に用いてでも友人を作ることを勧めているようにも読めます。忠実の内容は、仕事やお金というこの世の物（ごく小さなこと）を用いて、自分と人を救う、ということでしょうか？　この世で自分が用いることのできる物を、神さまが愛されている一人ひとりのために忠実に用いなさい、ということでしょうか？

最近、急に持ち上がった道路建設のために、我が家も影響を受けようとしています。市がこれまで取ってきた手続きやその計画の目的と効果の不甲斐なさに対して、市民にとって納得のいく税金の使い方となるよい計画をしてほしい、と何人かの住民たちと共に相談し、意見書を書いたりしてきました。そんな中で仲間と一緒に書いた意見書を、同じ宝塚市民である、それぞれ所属教会は異なる3人のクリスチャンにも読んでいただきたいと思いました。ある方は不動産鑑定士としての貴重なアドヴァイスをもって励ましてくださいました。そして2人の方は、「何か手伝えることがありますか？　あったら言ってください」

と言われました。実際に知ることが大事と言って私たちの相談会に出席してくださった方もありました。道路から離れた所に住む人々は、自分にとって道路建設うんぬんは関係のないこと、「ごく小さな事」と思ってしまうのが普通ではないでしょうか。けれども、普段しょっちゅう出会うわけでもないこの方々は、手伝うことありますか？　と言ってくださいました。確かに小さいことに忠実に生きておられるのだ、と思わされ、本当に励まされました。逆に、自分はそのように言ったり、行ったりできるだろうか⁇　と反省を込めて思わされました。

主イエスは、「小さい」という言葉を好んで使われているようにも思います。「ちいさな者への一杯の水」「子ども」「小さな事」「からし種」など思い浮かびます。

また、わたしの好きな、別の聖書の箇所も思い出されます。イエスが自身のことを「わたしは命のパンである」（ヨハネ6：48）、「このパンを食べる者は永遠に生きる」（同6：58節）と言われた時、弟子たちは、「実にひどい話だ」（同6：60）と言って、イエスのところから去って行ったという記述があります。ここから分かることは、弟子たちは、イエスの言葉を存在価値のないものだと思う自由、そしてそれを口で表現し、去っていく自由を持っていたということです。67節でイエスは12人の弟子たちに、「あなたがたも離れて行きたいか」と問われています。イエスは弟子たちの間でも、小さな者として存在されていた、と言えるのではないでしょうか?

イエスの言葉の真意をつかめなかった弟子たちは、聞いた時「ひどい話だ」と思ったのです。

してみると、真に、何が小さいか、何が大きいかも、わたしたちにとって明らかではなく、それぞれが判断していくことなのかもしれません。

これからも、「小さい」ことに喜びとつながりをもって主イエスの後を歩めたらと思います。

神様の選びと導き

日本基督教団姫路あけぼの教会牧師／姫路朝祷会所属
廣田守男

「神は、……無きに等しい者を、あえて選ばれたのである」
（Ⅰコリント１：28、口語訳）

はじめに

私は１９４０（昭和15）年7月に廣田俊平・富子の四男二女の末子として兵庫県姫路市近郊にて生まれました。貧しい家庭でしたが兄弟仲良く育ちました。小学校の教師をしていた2番目の姉が、担任の保護者の１人のクリスチャンに誘われてキリスト教の伝道集会に出席し、その後、母も姉に誘われて貧しい中にも教会に出席するようになりました。

１９５４（昭和29）年４月に甥（長兄の長男）が１歳半で急逝し、教会で葬儀をしていただきました（私が中学生の時）。この辛い出来事が「一粒の麦」として廣田家に救いをもたらし、母と姉は１９５６年（昭和31）４月復活祭に日本基督教団姫路福音教会で末永弘海牧師より受洗の恵みに与りました。私も時々教会に出席するようになっていました。

高校時代

私は１９５７（昭和32）年、高校２年生の秋、修学旅行後に風邪をひき、無理を重ねた結果、全身が浮腫《むく》んで亜急性腎炎と診断され、姫路日赤病院に入院を余儀なくされました。１カ月程して神様に取り扱われ、自分の弱さと愚かさを示されて砕かれ、聖書を読み直し、悔い改めて救われました。また信仰の先輩たちの導きにより、母と姉に続いて１９５８（昭和33）年４月復活祭に、末永牧師より受洗の恵みに与りました。背後に家族をはじめ多くの方がたの祈りがあったことを覚え感謝しております。以後「恐れてはならない、わたしはあなたと共にいる。驚いてはならない、わたしはあなたの神である。わたしはあなたを強くし、あなたを助け、わが勝利の右の手をもって、あなたをささえる」（イザヤ41：10）のみ言葉が病床における励ましとなりました。1年1カ月後に退院して高校に復学しました。

3年生を迎えた時、自分の進路について祈り、導きを求めて5月に塩屋聖会（神戸）に出席し、独り山で祈っている時、冒頭のみ言葉を与えられ、献身の召命を受けた次第です。

神学校在学中

高校卒業後、姫路福音教会の末永弘海牧師の許で6年間、献身・修業させていただきました。その間に父が救われ、召天しました。そのこともあり、1967（昭和42）年に神様のお導きにより東京聖書学校（淀橋教会内・小原十三司牧師校長）に入学を許され、4年間幸いな学びと訓練を受けました。2年目に入って集団検診を受けた時、蛋白尿を検出し、足も浮腫んでいたので帰省して2カ月間検査入院をしました。退院後、復学しても近くの病院に通院し、診察を受ける状態が続きました。

ある時、クリスチャンの医師が私に「牧師の仕事は過酷なので今の内に方向転換するように」と進言して下さったのです。そのことで祈っていると、「神の賜物と召しとは、変えられることがない」（ローマ11：29）と、み言葉を与えられ、学びを継続させていただきました。1969（昭和44）年に私の母が肝臓癌を患い、信仰の馳場を走りぬいて召天しました。

姫路福音教会時代

1971（昭和46）年春、東京聖書学校を卒業と同時に母教会の姫路福音教会から招聘を受け、伝道師として赴任しました。末永弘海牧師のご指導を受けながら牧会にも携わらせていただくようになりました。しかし1974（昭和49）年2月に、末永牧師が43年の牧会伝道の生涯を全うし、骨癌にてご召天されました。その後、拙い私が主任担任教師として不十分ながら奉仕に与らせていただきました。75年には按手式と就任式をしていただき感謝でした。79年には末永牧師のご恩に感謝し、新会堂建築の計画が起こり、小国博之長老が建築委員長になって下さり、新会堂建築工事に着手しました。その際、小国長老が「建築の責任は自分が持つから、廣田先生は牧会に専念するように」と仰言《おっしゃ》られ、大変助かりました。

しかし、新会堂が完成し、教会の働きも進展していく内に私自身が何時の間にか高慢に陥ってしまったのです。態度が横柄になり、言葉も門切り調になっていたことを恥ずかしく思います。そのときに胃潰瘍になり、足も浮腫んでいましたが、それにも気がつかず鈍感だったのです。ヘロデは「虫にかまれて息が絶えてしまった」とありますが（使徒12：23）、私は「高慢」という虫にかまれ、足元を掬《すく》われたのです。「高ぶりは滅びにさきだち、誇る心は倒れにさきだつ」（箴言16：18）のみ言葉にあるように、健康を損ない、1982（昭和57）年春に姫路福音教会を辞任させていただいた次第です。その際、多くの方がたにご迷惑をおかけしたことを申し訳なく思います。

本庄ハイツチャペル時代

数年間、日本基督教団の無任所教師のまま、呉アライアンス教会のファミリーの1つ、本庄ハイツチャペルの協力牧師として奉仕させていただきました。その間に風邪をひき、慢性腎炎が悪化し、慢性腎不全と診断を受け、1年半食事療法をしましたが、1985（昭和60）年10月に人工透析治療を余儀なくされました。その結果、十分な奉仕ができないことを覚えて1年後に同教会を辞任させていただいた次第です。

開拓伝道に着手

「出て行き……、福音を宣べ伝えなさい」（マルコ16：15、新改訳）とのみ言葉に押し出されて開拓伝道に召され、1986（昭和61）年11月に姫路市南部に位置する現在地（飾磨区、義兄の空き家）に家族5人（妻と子供3人、二男一女）一緒に遣わされてきたのです。神様の憐れみにより洗礼を受ける方が起こされ、1987（昭和62）年に伝道所を開設し、土地建物を購入し、更に増改築工事も行わせていただきました。またその後も親族をはじめ洗礼を受ける方々、転入会される方々も起こされ、1997（平成9）年に第二種教会を設立するに至り、2000（平成12）年に宗教法人の設立も認可され、神様の恵みにより多くの方がたの執り成しにより今日に至り感謝しております。

その間に私は過労と合併症も重なり、3度入院生活を余儀なくされました。1回目は心臓肥大のため、2回目は副甲状腺の摘出と移植手術を受けたとき、3回目は手根管症候群による右手首の開放手術を受けたことです。特に2000年頃にはタクシーに乗らなければならない状況もありました。その中で「今日まで守られ」（新聖歌171）導かれていることを感謝しております。「私たちが滅びうせなかったのは、主の恵みによる。主の憐れみは尽きないからだ」（哀歌3：22）。今日まで守られ導かれたのは神様の憐れみと導きにより、多くの方々のお祈りに支えられていることを覚え感謝する次第です。

姫路朝祷会（超教派）

1976年（昭和51）5月1日（日）にラジオ牧師・羽鳥明先生を講師にお招きし、超教派の教会で姫路クリスチャン修養会を開きました。その翌日、2日（月）に羽鳥先生を囲んで朝食懇談会（教職・信徒と一緒）を行いました。そのことを契機として、姫路での朝祷会の設立を願っていた中谷繁雄兄（日基教団姫路教会員）を中心として、永年の祈りの内に姫路朝祷会が1976年5月11日（水）に大阪朝祷会の祷友たちの応援を得て、全国で101番目に発足した次第です（世話人：中谷繁雄兄）。それと相前後して姫路に超教派の働きとして「キリスト教宣教協力会」と「カルバリー聖歌隊」が発足しました。その働きの発端に関わらせていただき幸いに思っています。

姫路朝祷会（世話人：今城輝雄兄）の現状は、毎月第2、第4水曜日午前7時より姫路福音教会で、信徒が司会をし、姫路市内及び近郊の教会の牧師・神父からメッセージを聴いた後、祈りを共にし、朝食後散会し、各々生活の場に遣わされて行きます。また朝祷会全国連合全国大会・年頭集会・近畿ブロック集会等を姫路朝祷会が担当して度々開催することもでき、恵みに与り感謝しております。

2015年

2015（平成27）年は、私にとって後期高齢者の仲間入りをする年齢であり、透析治療を受けて満30年を経過する節目の年になることに心を寄せ祈っておりました。日本基督教団播州地区の同年輩の牧師が隠退され、私が最高齢者になり、また私の恩師末永弘海牧師が召天されたのも、私の父が召天したのも75歳であったことを思い出し少し寂しくなりました。しかしアブラハムがハランを出発したのが75歳であり、モーセがホレブの山で召しを受けたのが80歳であることを示され、勇気を与えられました。キリスト伝道会「活水の群」（理事長：渋谷教会藤村和義牧師）の先輩の先生方がご活躍しておられる姿にも励まされた次第です。

元日の朝、「あなたは年を重ね、老人になったが、まだ占領すべき地がたくさん残っている」（ヨシュア13：1）とのみ言葉を与えられました。「占領すべき地」とは何か？まだ救われていない人たちへの救霊の働きであることは確かで、目覚めさせられ、伝道に邁進しなければならないと肝に銘じました。しかし一方、姫路あけぼの教会にとって駐車場を賃貸し続け、永年の課題となっておりました。教会の南側には数年前より空き家になった大邸宅がありましたが、到底考えも及ばないことと思っておりました。ところが2月になって突然邸宅が撤去されて更地となり、4月に入って、地主の方から建築会社を通して「土地の一部（約77坪）を教会で購入してほしい」との申し出がありました。思いがけないことでしたが、祈りの内に5月の役員会に諮り、聖霊降臨祭の礼拝後、教会臨時総会を開いて検討した結果、「このような申し出は人間の考えではなく、神様のお取り計らいに違いない」と示され、会員も少人数で、手元の資金は少額ですが、将来の新会堂建築を夢見て思い切って購入を決断した次第です。6月24日に地主さんと売買契約を結び、9月24日に全額約1900万円（諸経費含、地主・建築会社・不動産会社・司法書士）の支払いを済ませ、27日には藤井圭子氏（日本キリスト伝道会エバンジェリスト）を招いて教会創立記念特別伝道礼拝を守り、続いて駐車場奉献式を行うことができ感謝でした。そのような状況下で、お2人のご高齢のご婦人が洗礼の恵みに導かれたのです。背後にある神様の真実なお働きを身に覚え、感謝した次第です。まだ400万円程の借入金があります。必要が満たされて完済できるようにと願っております。

2016年

2016（平成28）年は開拓伝道を始めて丸30年になりますので、9月、10月に講師として川崎善三牧師（姫路福音教会）をお迎えして創立記念感謝礼拝と記念式典、および塚本充牧師（脇町キリスト教会）をお迎えして特別伝道集会を行いました。私たちが伝道を開始した時、教会の周辺には住宅がありましたが、田畑が多く、道路も不整備で分かりにくく不便でした。しかしここ数年で区画整理事業が完了し、道路も整備され住宅街に変わってきました。私たちに対して宣教の重荷を神様から託せられていることを覚えさせられております。

「恐れないで、語り続けなさい。黙ってはいけない。わたしがあなたとともにいるのだ。……この町には、わたしの民がたくさんいるから。」

（使徒18：9－10）

私自身も弱さを持つ身でありながら、神様の憐れみと多くの方がたのお祈りに支えられて今日まで守られていることを覚えて感謝しております。何卒続いてお祈りいただければ幸いに思います。

すべては御心のうちに

亀岡朝祷会／日本基督教団丹波新生教会牧師
竹ヶ原政輝

毎月第1火曜日の午前、日本基督教団丹波新生教会亀岡会堂を会場に亀岡朝祷会が開かれています。休止状態であった会が再開されて早いもので10年が経ちました。再開のお手伝いをさせていただいて以来、近隣の教会の皆様とよきお交わりをさせていただいております。

この度、『証し集』の原稿依頼をいただきました。私の味わった恵みを多くの方に共有していただけます幸いに感謝いたします。

私は、福岡県の博多に生まれました。実家は地元の商店街で商売をしています。キリスト教との最初の出会いは幼稚園の頃だったと思います。日本福音ルーテル博多教会にあった南博幼稚園で聖書のお話を聞いたり降誕劇に参加したりという中に、既に私の信仰の種は蒔かれていたのかもしれません。その頃にいただいたものだったでしょうか、新約聖書の背表紙がいつも勉強机の棚に見えていたのを思い出します。その頃は、まさかそれが後の自分の商売道具（?）になろうとは夢にも思っていませんでした。

小学校は公立の学校に行きましたが、中学で受験を考えたのがバプテストの西南学院でした。しかし、その受験には失敗し、幼心に挫折感を覚えつつ公立の中学校に通いました。受験自体には失敗したとはいえ、一応受験勉強らしきこともしておりましたので、中学では比較的できる方の子だったのだろうと思います。2年生のときに担任の先生の薦めで、生徒会の役員に加わることになりました。全校生徒を前にしての挨拶やスピーチといったことを経験させていただいて、人前で話すことにはこの頃から慣れていったような気がします。

高校は中学受験のリベンジのような形になりましたが、西南学院高校を受験し、今度は無事に合格しました。そこで再び聖書と触れる機会を与えられます。聖書の授業は週1回程度だったはずですが、とても楽しかった記憶があります。この本にはすごいことが書いてあると思ったものでした。一見して意味のわからないことが何を言おうとしているのか考えるのが好きでした。

次に大学受験とそこからの将来を考えなくてはならなくなるわけですが、困ったのは、私が自分に商売が向いていると思えなかったことです。私は、商売人の家の長男でしたから、両親をはじめ周囲の人は皆、私が店を継ぐと思っていたはずです。しかし、どうしても店を継ぐ決心ができなかった私は親にその思いを伝えました。幸い私には弟があって、彼が店を継ぐことを承諾してくれたので私は自分の道を歩むことが許されました。そこでまず考えなければならなかったのは、大学で何を勉強するかということでした。大学には勉強をしに行くのだと思っていました。そこで何を勉強しようかと考えたとき、簡単にわかることを勉強しても仕方がない、どうせなら簡単にはわからないことを勉強しようと思い、自分にとって一番わからないことは何だろうと思い巡らしたところ、「人間だ」という考えが浮かびました。人間というものが一番わからない、じゃあ人間について知るには何を勉強したらいいんだろうかと考えた結果、心理学と哲学、そして宗教だという結論に至りました。それらを学べる学校・学部を探し、現役生のときは国公立を目指したのですが、またもや失敗、浪人生活に入ります。1年間ほとんど予備校と自宅の往復だけの生活を送り、再び受験となりますが、今度は志望を私立に変えた上に、1浪した負い目から地元を離れるのもいいかなと思い、地域を関西まで広げることにしました。そこで同志社大学の神学部というのが選択肢に入ってくることになります。それでも、第1志望は心理学を学べるところでした。ところが2度目の受験でも、同志社大学の神学部ともう1校しか受からなかったのです。しかも、同志社大学の合格通知が来て、入学金の一部を振り込んでしまってからもう1つの合格通知が来たもので、そのまま同志社大学の神学部に行くことにしました。通知の来る順番が逆だったら同志社には行っていないかもしれません。とりあえず同志社への進学が決まってから高校3年生のときの担任に会いにいったところ、「お前、牧師になるのか」と聞かれ、即座に「なりませんよー」と答えました。あくまで勉強のために神学部に行くに過ぎないという認識でいました。

神学部に入ってからも、どこかのタイミングで文学部の心理学科に移れないものかと考えていました。まずは神学部にいながら登録できる心理学系のクラスをとっていったのですが、心理学にもいろいろあり、統計から人の傾向を考えていくタイプのものと出会ってしまった私は、自分が学びたいのは心理学ではないのではないかと思うようになりました。その一方で、神学部の授業はやはり面白くて、ついに私は聖書の中に私が知りたい人間に関する本当のことが書いてあると思ったのでした。

そこからは学部を変わるといったことは考えないようになりますが、それでもまだキリスト教を信仰する気はまったくありませんでした。大きな転機が訪れたのは大学の3回生のときです。学部の掲示板に、夏休みを利用して行われるタイへのスタディツアーの参加者募集のチラシを見つけました。まだ海外へ旅行したことのなかった私はよい機会だと思い、参加の申し込みをしました。当時、新島女子短期大学から同志社に来られたばかりだった原誠先生が、長年関わりを持ってこられたタイの人々のお世話になりながらあちらの大学や施設を訪ねていったのですが、ツアーの中盤にはパヤップ大学の神学部の学生と共にタイ北部に暮らす山岳民族の村に滞在することになっていました。カレン族のクリスチャンの村でした。そこで、村人たちと守った夜の礼拝が私を大きく変えました。

その礼拝は基本的にカレン語で進められていきました。タイ人の学生の中にもカレン語のわからない子がいるので、カレン語からタイ語に通訳してくださる方があり、さらにタイ語のわからない私たちのために英語に翻訳してくださる方があり、さらに難しい英語は原先生が日本語にしてくださることもありました。そこでは言語によるコミュニケーションが成立しているのか怪しいとすら思える時間と空間にあって、しかし、私はむしろ一体感を覚えていました。そのとき感じたのです。ここには言葉を超えて私たちをつないでいる何かが存在していると。それが神なのだということに思い至ったとき、私は素直に神の存在を認めていました。神はいるんだということがストンと心の深いところに落ちた瞬間でした。大学に入ってから2年間、聖書の勉強をしていながら信じようとは思えなかったものが、たった2週間のツアーの中で、しかもほんの一晩の礼拝で信じられることがあるのです。しかし、それはもっとずっと前から私と共にいて導いてくださっていた方と、そこで真に出会ったということなのだと思います。

その出会いを経験した後、帰国した私を待っていたのは大変なストレスでした。タイでの生活があまりに素晴らしくて、心に羽根が生えたような感覚でいたところから元の日本の生活に戻ったとき、そのなんとも言えない息苦しさにさいなまれるようになりました。自分が今までこんな中で生活をしていたのが信じられないくらいでした。いよいよ耐え切れないと思い始めたとき、私の中に洗礼を受けたいという思いが芽生え始めました。ほかにこの苦しみから逃れる方法が思いつきませんでしたが、果たしてこのようなことでよいのだろうかという思いもありました。そこで私はタイでご一緒した原先生の研究室を訪ね、自分の苦しみを打ち明けました。そして、この苦しみから解放されるのなら私は洗礼を受けたいと思うけれど、このような動機は不純でしょうかと尋ねたところ、そんなことはないと言ってくださいました。しかし、私にはまだ完全に神を、キリストを信じ切れていないところがあるのではないかという後ろめたさについても正直にお話ししたところ、こう言われました。「竹ヶ原君。キミはこの先、キリスト無しで生きていけるかい」。この一言に背中を押されて、私は受洗を決意しました。頭でいろいろなことを考えることの多い私ですが、魂を神とキリストに捕らえられていることを実感しました。

こうして洗礼を受ける決心をした私は、それまで通っていた教会の牧師に相談しました。タイへ行った夏休みが終わってしばらく苦しんだ後の年末の頃でした。それでは、お正月の帰省から戻ったら洗礼式をやろうということになり、私は福岡の実家に帰りました。そこで、どのように親に、特に父親に切り出したものかとまた悩みました。父親は熱心な仏教徒で、毎朝店を開けたら仏壇の前に行って般若心経をあげるのが日課の人です。クリスチャンになると言ったらどんな反応が返ってくるだろうかと心配したのですが、いざそのことを伝えると、お前が良いと思うんだったら、それで良いと言ってくれました。信心深い人間であるからこそ何かを信じようということに理解があったのかなと思っています。私はとうとう店の跡継ぎでもなければ、宗旨も変わってしまいました。そこに複雑な思いがなかったと言えば嘘になります。しかし、私はこのことで自分自身の人生を生きる者とされたというふうにも思っています。キリストを信じたいと思ったことが私の自立を促し、親に対しても1人の人間として向き合うことができるようにしてくれたと感じています。

学校での学びを終えて牧会の道に進むに際しては、またいろいろ頭で考え、自分のような者が果たして相応しいのかと悩みました。しかし今は、これまで経験してきたすべてのことがつながって今があると感じています。挫折や失敗と思える出来事も牧師、あるいは説教者として神に仕えるための準備であったのだと思います。私は旧約聖書の創世記の終わりにあるヨセフの物語が好きです。彼はエジプトに売られ大変な苦労をしますが、兄弟と再会したとき、すべては神のご計画であったのだということを悟ります。少なくとも彼は自分の人生に納得できているのだと思います。

私たちには過去の事実を変えることはできません。しかし、過去に経験したことの意味は信仰によって変えられます。今のためにすべてが備えられていたのだと思える瞬間がきっとあります。そのことを、私のつたない証しを通して誰かが信じることができたなら幸いに思います。

キリスト者としての55年の半生

日本基督教団上尾合同教会会員
上松寛茂

私の妻、上松悦子が天に召された。２０１６年4月14日、埼玉県上尾市の自宅で入浴中の出来事だった。救急車で市内の病院に搬送されたが、午前1時41分、死亡が確認された。65歳だった。その日も元気だったのに。まだ驚きや戸惑いから解放されず、悲しみや苦悩は癒えるどころか深まるばかり。既に成人した3人の子供たちは、実家近くや東京都内、長野県茅野市に住む。こちらは完全な独り暮らしとなった。

妻は１９９３年のクリスマスに、私の当時の赴任先である愛媛県松山市にある日本基督教団松山番町教会で小島誠志牧師から受洗、現在の私の母教会でもある同教団上尾合同教会に転籍し、聖歌隊の指揮者を務めていた。クリスチャンの夫と結婚し、彼女も四半世紀近い教会生活を送ってきた。聖歌隊が彼女の居場所。同時に、賛美の向上に向けた取り組みへの想像以上の苦労やプレッシャーもあったようだ。最近、それを知った。

実は妻とは正確には14年間の別居生活が継続していた。掃除・洗濯・炊事をはじめ、子育てや嫁姑問題などをめぐる日常の生活スタイルに関する考え方や意見の対立が原因だった。そのいきさつを私自身が「上松劇場は終わらない」と記した小冊子を葬儀・告別式に参列して下さった方々に配布した。

「あなたは私を自分好みの人間にしようとした。私は否定された気がした。耐えられなかった」という妻の言葉に対する詫び文だった。２人の結婚式を司式して下さった生涯の恩師である関田寛雄青山学院大学名誉教授から「『あなたは私を自分好みの……』は決定的でしたね。このことの理解のためにも14年間という時間が必要だったのでしょう。尊い学習でした」と指摘された。キリスト者としての在り方、クリスチャン家庭の理想像を押し付けた結果でもあった。妻は大学で声楽を専攻し、生涯それは趣味を超えた彼女のライフワークでもあった。その無理解さもあったのだろう。私は「キリスト者はこう、あらねばならない」という猪突猛進的信仰観にとらわれ過ぎた。かけがえのない伴侶というより子供たちへの母親としての役割を強く望み、無理強いをした。反省の日々だ。

にもかかわらず、信仰生活55年の日々は、1人の些細な人間としての人生の波風の中にあっても神様に支えられて今の自分があると感謝する気持ちに変わりはない。

初めて聖書に触れたのは昭和28年（1953年）小学2年生の時。同じ社宅の敷地内に住む隣人から誘われ、創立間もない幼稚園での日曜学校に通った。日本基督教団大宮教会の牧師が経営する幼稚園の1つで、先生方は日曜学校が終わると、その当時は汽車に乗って大宮教会の礼拝に出席しておられた。出たり入ったり、継続的に通い出したのは中学校3年になってから。日本基督教団軽井沢教会に宿泊した夏期学校で信仰的に恵まれたことがきっかけで、昭和35年（1960年）のクリスマスに小海寅之助牧師から洗礼を受けた。当時、北足立郡上尾町にあった3つの教会が合同して上尾合同教会が発足、その第1号、6人の受洗者のうちの1人だった。このうち現在も、同教会の正式陪餐会員は私を含め2人だけ。

大学受験に失敗。予備校に入学金や年間授業料を払い込んだ後、母が親戚と連携して乗り出していた家内工業が、当時高卒の初任給1万円弱だった時代に5万円以上も稼げることに興味がわき、小さい時から小学校の教員志望だったこともあって、上手くいかなかったら〝でもしか先生〟を目指そうと、小学校の教員免許状が取得できる青山学院大学文学部第2部教育学科を受験し、合格。後ろめたさもあり、入学を躊躇していたら小海牧師に強力に勧められ、気が進まないまま入学した。

大学に入学したものの自分と同じ1部落選組で、1部転部試験を目指す者も相当数いたが、過半数は勤労学生。キリスト教サークルの宗教部に入部。いろいろな教派の教会に所属する学友たちとの信仰談義は目を見張るものがあった。生涯の恩師となる米国留学から帰国直後の関田寛雄助教授（実践神学）をはじめ、多くの神学科の先生方との交わりに、大学に入学した喜びと希望が湧いてきた。

そのころ、世は不景気風が吹き、平均株価が１０００円の大台を割る寸前、山一證券の最初の倒産の危機があり、我が家の家内工業も不安定となり、大学学生部の紹介で共同通信社の入社試験を受験、合格。大学2年の5月、〝晴れて〟文字通りの勤労学生となった。やがて卒業。1部落選組の葛藤は消えず、郷里の公立小学校や東京都内にあるキリスト教主義の小学校教諭の内定を辞退し、1年間の聴講生を経て、同じ大学の日本文学科に学士編入した。「太宰治とキリスト教」についての100枚を超す卒業論文は良き思い出になった。学園紛争でキリスト教サークルのSCAはすでに消滅していた。2部の宗教部も消滅。でも、OB会の岩の会としてその交わりは生涯続き、その多くが役員・長老として日本のキリスト教会の発展に尽くしている。牧師になった仲間も。日光・オリーブの里などを会場に、教会では語れない内容もここでは忌憚なく話せた。

日本文学科編入後も会社は退職せず、昼学び、夜勤務するという昼夜逆転の勤労学生となった。のびのびと青春時代を謳歌したひと時を過ごすことができた。

大学卒業直後の5月に共同通信仙台支社に転勤し、記者生活がスタート。東北大学や東北学院大学の学園紛争をはじめ、162人が死亡した全日空機と航空自衛隊浜松航空基地松島派遣隊の自衛隊機との空中衝突事故などを取材。宮城県庁近くの日本基督教団仙台外記庁教会（現仙台川平教会）に通い、青年会で多くの友と語り合った。現在も週報や教会報の「ひかり」が定期的に送られてきて感謝、感謝。

2年3カ月後の仙台七夕の翌日、秋田支局に転勤。ここでは前半は日本基督教団秋田楢山教会、後半は同秋田高揚教会でお世話になった。秋田で3年3カ月過ごした。

昭和51年（1976年）11月、東京本社に転勤。レジャー・ヤング欄を担当。毎月のように旅ルポで日本全国を駆け巡る。4年半。内政部に異動。建設省をはじめ、文部省や東京都庁、農水省、厚生省、国土庁などの記者クラブに所属し、霞が関界隈を渡り歩く。

36歳の時、中学校時代の友人の奥さんの紹介で忍田悦子さんと結婚。2人で教会の礼拝に出席。長男、長女を授かり、愛媛県松山市の松山支局にデスクとして家族一緒に赴任。同教団松山番町教会でお世話になった。妻が、のちに教団総会議長となる小島誠志牧師から受洗。教会の門をくぐって十数年経過していた。次女（高2の時に受洗）が誕生した。自宅近くの道後温泉に朝晩浸かり、四国、九州、中国地方を家族一緒にドライブ。教会の方々とも交流し、地方生活をたっぷり楽しんだ。教会で出会った方々とは生涯の友として信仰的に助けられた。主にある交わりの尊さと喜びを分かち合えた幸せは人生に代えがたいものがある。

その4年後、東京本社に転勤。元の住所に戻った。妻は私の友人の誘いで、ＹＭＣＡ／Ｋ・Ａ・Ｙオラトリオソサエティー合唱団に入団、メサイアやマタイ受難曲などを歌う。

だが、冒頭に記した夫婦別居への道をたどることになる。川越市の実家にこもり、教会とも断絶。1年ほどして我が家の近くに引っ越し、教会に復帰。聖歌隊の指揮者としての〝居場所〟を確保したものの、夫婦は目線を合わせず、〝他人の二人〟。不正常な状況が永く続いた。郵送で詫び文を込めた便り、家族全員を対象にした上松ファミリーの復活を願い、家族写真を盛り込んだ「家族の絆シリーズ」をパソコンによる添付メールで、計100通近く発信した。手ごたえはなかった。

2年前、自宅近くの介護施設に入所していた実母が96歳で亡くなる不思議なドラマ展開で、妻との絆は徐々に修復したものの、妻の実家の86歳の母親の介護で別居は継続。土曜日に川越市の実家に妻を迎えに行き、日曜日の礼拝に一緒に出席、月曜日に実家に車で送るという生活スタイルが定着し始めた時期に、冒頭のようなドラマ展開となった。

最近、妻の物忘れが進み、物忘れ外来に通院してもいた。永遠の別れの日の昼間、「ごめんね」「ありがとう」を繰り返し聞き、今考えると、「お別れの遺言だったの」と亡き妻に問う日々だ。

互いの介護に疲れ果て、夫を、妻を手に掛けた老夫婦の悲劇のニュースが止まない。「夫のお荷物にはなりたくない」という彼女の美意識、思いやりによる〝急ぎ足〟の旅支度だったのかなとさえ想像してしまった。晩年は2人で奥日光の戦場ヶ原を共に歩き、長野県茅野市に住む次女と3人で近くの原村のペンションに宿泊。牧師になった大学の先輩の誘いでオリーブの里での信徒前進宣教大会にも一緒に参加した。10年以上にわたる空白を埋めるような穏やかな労り合いの日々の暮らしをほんのわずかでも過ごすことができたのは、神様の大いなる恩寵だったのだ。恩師の関田先生からの励ましの言葉だった。「上松劇場は終わらない」は、「君の夫婦愛の物語であり、信仰告白でもあった」とも述べられた。

〝第2の新婚時代〟の只中で突如、消え去った愛する妻の旅立ちは、神様の意志だったのか、どう捉えていいのか、それを今、考えている。キリスト者として生涯を全うしたい意志は微動だにしない。

信仰を支え、成長させてくれた教会以外の多方面にわたる方々とのお付き合いがあった。大学でのキリスト者の恩師や仲間との交わり、これは卒業後も生涯続く。ＹＭＣＡ・ワイズメンズクラブ、日本国際ギデオン協会埼玉南支部、それに朝食祈祷会がある。20歳前後に、同じ教会員で全国朝祷会長にもなられた飯田潔さんに連れられて出席した丸の内朝祷会。当時の会場は東京駅丸の内南口地下のレストラン東京。そこで、自分のためだけではない他者のために祈る「とりなしの祈り」の姿勢を知った。名古屋、広島、仙台、東京（当時在学中の青山学院が会場）と全国大会にも足を延ばした。

朝祷会では賀川豊彦夫人のハルさん、婦人矯風会の久布白落実さん、戦責告白を出された鈴木正久牧師など知名度の高い方々の姿を目撃、その奨励や証しを直接聞いた。仙台では佐利総本家での仙台朝祷会、松山朝祷会、それに上尾朝祷会などさまざまな地域、さまざまな教派の方々との交流で、特にエキュメニカルな潮流に深く共鳴、多面性や多様性、共生を受け入れる姿勢が強く求められている時代だと実感する。意見が合わないからといって排除の論理が先行し、少数派を押し退ける昨今の風潮はキリスト教界にもジワリと忍び寄っている。弱者に目を向け、その視線で人々に愛をもって接したイエス・キリストこそが救い主と信じて歩みたい。

人生の折々に励まされ、生きる糧となった聖書の御言葉の数々は省略してしまった。それとキリスト者として重要な「ある問題」については今、語る時ではないのでまたいつの日か。お許しを。

家族の救いの証

片柳福音自由教会会員
西部敏子

　今、私の家族の1人ひとりの受洗の証を読み返しながら当時を振り返り、神様の憐れみと救いの恵みをしみじみと味わい感謝の心で溢れています。

　当時は、子供たちが成長と共に親に対する反発が次第に激しくなり、毎日のように互いに非難し合う日々でした。主人は仕事に追われ、家族の話し合いに加わることを好まず、ただ1人ひとりが互いに自分の方が正しいと反目する状況は、日を追う毎に悪化していきました。

　そのような中で、もしかして私たち親子が頼るべきは、キリスト教の教えではないかと思い始めていた私は、２００４年４月に初めて、まずは反抗ばかりしている長女と共に片柳福音自由教会をお訪ねし、「聖書と人生の土台をこの子に教えてください」とお願いにあがりました。私たちを玄関で笑顔で迎えてくださった滝田先生は、「聖書と12課の学び」を薦めてくださり、私たちは早速個人的な学びを受講させていただくことになりました。

途中、浪人中だった長女が一時受講をお休みすることになり、まずは私自身が教えていただくことになったのですが、子供が変わって立ち直れば家庭も平和と幸せが戻ると思っていた私は、学びが進むにつれ、問題は私自身にあり私自身が神様に立ち返り、変わらなければならないことに気づかされたのです。そしてこんな私を温かく励まし、共感してくださった滝田先生に徐々に心を開いて悩みを聞いていただき、真剣に学びをお願いすることになりました。

周りにだれもクリスチャンの知り合いもなく、聖書を初めて学び、創世記１章１節の「初めに、神が天と地を創造した」の御言葉は、私たちの創造主なる神様に出会わせていただいた驚きと衝撃の御言葉でした。そして家庭の問題で悩み疲れ切り、途方に暮れていた私に「すべて、疲れた人、重荷を負っている人は、わたしのところに来なさい。わたしがあなたがたを休ませてあげます。わたしは心優しく、へりくだっているから、あなたがたもわたしのくびきを負って、わたしから学びなさい。そうすればたましいに安らぎが来ます。わたしのくびきは負いやすく、わたしの荷は軽いからです」（マタイ11：28－30）の御言葉の暖かさが疲れ切った私の心の中にすっぽりと与えられました。その時本当にほっとして胸の奥から熱いものがこみあげてきたのを覚えています。苦しみから次第に解放され、長く暗いトンネルから抜け出せるような光を感じました。そして滝田先生による優しく熱心なご指導の中で、御言葉が次々と与えられ神様の愛と赦しを教えていただきました。

私の罪のためにイエス様が身代わりとなり十字架にかかって死んでくださり、蘇ってくださったことを教えられ、悔い改めに導かれイエス様を救い主として信じ、1年後の2005年5月15日（ペンテコステ礼拝）で受洗の恵みに与りました。洗礼式には長男、長女、そしてキリスト教を何も知らない母が来てくれました。学びの中で、「主イエスを信じなさい。そうすれば、あなたもあなたの家族も救われます」（使徒16：31）の御言葉をいただき、聖霊様が触れてくださるようにとお祈りで告白することを教えていただき、家族の救いのために祈り始めました。

後になってわかったことですが、ちょうどこの頃本当に不思議なことが、長男悠太にも起こっていました。悩みとプレッシャーで留年し、大学のキャンパスで1人でポツンとしていた時、悠太にシンガポールからのクリスチャンの若者たちが近づいて声をかけてくれ、CCC（キャンパスクルセード）の集会に導かれるようになっていたのです。

私の洗礼式の数カ月後、私は滝田先生に長男悠太を紹介し、本人自らが先生に教えを請い、12課の学びがスタートしました。本人が受洗の証の中で「この学びの中で、キリスト教とは何なのかという理解がゆっくりと深まっていきました」と言っておりましたが、多くの御言葉に出会い、悔い改めと信仰に導かれ、絶望が希望へと変わり、翌年の2006年12月24日（クリスマス礼拝）で信仰告白し、洗礼式の恵みに与りました。「わたしが来たのは、羊がいのちを得、またそれを豊かに持つためです。わたしは、良い牧者です。良い牧者は羊のためにいのちを捨てます」（ヨハネ10：10－11）を好きな聖句として涙を浮かべつつ読んで、主に感謝して証を締めくくっております。

しばらくして、12課の学びを中断しておりました長女麻子も大学入学後、滝田先生に学びの再開をお願いし、悔い改めと信仰に導かれ、翌2007年8月19日に受洗の恵みに与りました。その約1カ月後に米国に交換留学に出発したのですが、先生のご配慮により現地でも教会に繋がることができ、米国での1年間主の御手の中で守られ養われて無事に帰ってくることができました。

同じ家の2階と1階に分かれて暮らしている私の母和子は、私たち親子の問題に心痛め、涙する日々も多くあったようです。母は私の洗礼式に出席した後、徐々に礼拝に共に集うようになり、また「娘たち親子が明るく変えられていったのが不思議で、1から聖書を教えていただきたい」と滝田先生にお願いし、牧師館で先生と理栄子夫人の丁寧なご指導による12課の学びを受けさせていただくようになりました。そして豊かな御言葉と共にお二人により励ましをいただき悔い改めと信仰に導かれ、2007年9月30日に受洗の恵みに与らせていただきました。現在は毎週の礼拝を一番の楽しみにしております。今までの不安な表情は明るく穏やかに変えられ、「この年になってすばらしい宝物を神様はくださった」と毎日感謝し、ディボーションに励み、執り成しの祈りをしてくれています。

その後、母の洗礼式に、母の介添えとして出席した私の妹の中沢美奈子が、私たち家族が変えられていくのを見て、「この世界には本当に神様がいらっしゃるのかもしれない、と思うようになりました」と証しておりますが、私がぎっくり腰のため美奈子の車で教会に送迎してもらうことになり、一緒に礼拝にも出席するにようになったことも不思議な導きでありました。そして母と同様に牧師館にて滝田先生と理栄子夫人のお導きによる12課の学びを受け、悔い改めをし、イエス様を救い主として心にお迎えして、2008年5月11日（ペンテコステ礼拝）に洗礼式の恵みに与りました。

このように家族が1人また1人と次々にイエス様を信じて明るく元気になり、皆が喜んで日曜礼拝に行くようになると、今度は私の父喜秀もその様子を見て不思議がり、父も皆と一緒に教会に通い始めました。そして滝田先生と奥様の下で1年半の間、12課の学びを大変楽しく教えていただきました。父は、「教会の印象は、私にとりましては極めてすがすがしいものでありました」と証し、主イエス様を罪からの救い主として信じ、信仰告白して救われました。ところが予定されていた洗礼式の目前で、父は肺気腫による呼吸困難を起こし、緊急入院となり、集中治療室で98パーセント無理と宣言されてしまったのです。

しかし神様は、滝田先生はじめ教会の皆様や家族の切なる祈りと願いを聞いてくださり、父を生き返らせてくださり、翌年の2010年4月18日に酸素ボンベをつけて自分の足で教会まで歩き、滴礼による洗礼式の恵みに与ることができました。

実は、仕事一途で家庭を顧みない警察官であった父と私との間には長年にわたる確執がありましたが、それもイエス様の十字架によって和解が与えられ赦しあい、却って互いへの愛と感謝の思いとに変えられ、労り合うようになれました。

父は洗礼式の約1年後、２０１１年4月3日に病院で皆に見守られる中、天に旅立ちました。父のクリスチャンとしての地上での歩みは本当に短いものでしたが、信仰告白後、神棚と仏壇を家から取り除き庭で焼き払って、家全体が偶像から解放されました。また教会での告別式も用いられ、列席してくださった大勢の未信者の警察官や政治家、ご近所の方々への福音と天国への希望のメッセージが滝田先生を通して届けられました。

そして、私の主人卓は若い頃からの会社人間、ハードワーカーでした。特に60歳の定年までの最後の数年間は、私は主人の命の危機さえ感じ、「働きづめで死ぬだけでは、あまりにも哀れすぎます」と祈りながら涙がこぼれてなりませんでした。主人は、父の告別式の後くらいから、最初はトワイライトワーシップ（夕礼拝）に、そして徐々に午前の礼拝へと出席するようになりました。そして先生のメッセージに耳を傾ける中、心の目が開かれていき、さらに退職後には先生に12課の学びのご指導を受け、良き信仰書も貸していただき、イエス様を理解し信じるようになり救われました。主人に永遠の命が与えられたことは、本当に嬉しく、主の憐れみと御言葉の真実さが心に大きく迫って感謝と喜びと感動で、溢れる涙を止めることができませんでした。こうして主人は2015年5月31日（私の父の誕生日）に洗礼式の恵みに与りました。主人は現在農業事業を1人で立ち上げたばかりですが、毎日神様に感謝しつつ、喜んで畑づくりなどに励んでおります。毎日朝食前に家族と一緒に、詩篇の御言葉とお祈りの時間が与えられていることも心から感謝しています。

以前は、バラバラだった家族の心が、イエス様の十字架を通して父なる神様を仰ぎ見て主にあってひとつにされ、神様は主にある愛と平安を私たちに与えてくださいました。クリスチャンになってからも、挫折や失敗、悲しみがありましたが、主の御手の中で癒され慰められ、立ち直らせていただいています。これからも主に導いていただいた片柳福音自由教会の群れの中で、養われ、天の御国へと共に歩ませていただきたいと思います。

家族全員を御言葉の約束通りに救いに導かれた主に心から感謝いたします。そしてご指導くださった滝田先生ご夫妻と、温かく見守り祈ってくださった教会の皆様に感謝いたします。主よ、すべてに感謝いたします。

ただ恩寵あるのみ

日本基督教団東京新生教会協力牧師
横山義孝

誕生、生い立ち、信仰のルーツ

1926年10月18日、私は父英男、母サメの長男として東京都大井立合町で誕生しました。私には兄弟が5人（男3人、女2人）いますが、女2人はそれぞれクリスチャンホームを形成しています。1934年、父が北区田端で鉛筆工場を経営していたころ、父は毎日曜日私を連れて渋谷の日本宣教会桜ヶ丘教会に参加していました。日本宣教会というのはホーリネスの中田重治監督の弟子で、静かなホーリネスを標榜して独立した相田喜介師が創設した団体です。最近そのご令息の相田望《のぞむ》師が召されたのですが、私は9歳のころから私より2歳年上の望さんとは幼な馴染みで、桜ヶ丘教会の礼拝や聖会に子供ながら参加し霊的雰囲気に包まれながら、一緒に遊んだり、大人の信徒の交わりに加わって過ごす毎週でした。その中で無意識の内に、信仰のルーツが幼い魂に植え付けられていたことを思わせられています。讃美の歌詞は分かりませんが曲は耳に残っており、大人になって気が付いてみると、今日の旧聖歌の曲は殆ど違和感なく歌うことができました。

一家の救い

① 父、英男の入信

父は20歳のころ粗暴な人間で、癇癪を起こすと家中であばれ回り、母や弟妹たちを恐怖に追い込むといった、怒りっぽい人間でした。ところがある時その粗暴ぶりがピタと止まったので、母親は他の子供たちに、今度爆発したら大変だから触るな触るなと言っていたといいます。丁度その時が父が教会へ行き始めた時であったようです。麹町の教会の前を通りますと、英語を教えてくれるという看板を見て、その教会に興味を持ち出入りするようになったのです。宣教師が聖書の福音書の物語を英語で教えていたのです。イエス・キリストは大工の家に育てられ、成人して公生涯においては、愛と真実をもってあらゆる良き業を成し遂げられたのに、当時のイスラエル宗教社会の指導者（ボス）たちに図られ十字架に磔刑され、最後を遂げられる時には「父よ、彼らをお赦しください。自分が何をしているのか知らないのです」（ルカ23：34）と祈っておられる姿を知らされて父は感動し、これは唯の人間ではない、神様だと、心を開き罪を悔い改めて信仰に入ったのです。神の愛を身に受けて自らも驚くほど柔和な人間に変えられたのでした。

② 祖父祖母の救い

信仰の喜びに満たされた英男は、早速これを父親（祖父・武蔵）に伝えようと裃《かみしも》に身を整え、跪《ひざまず》いて「おトッツアン耶蘇（キリスト教）になってくれ」と伝道したのですが、祖父は激しい言葉で、「お前を耶蘇にするために育てたのではない」と烈火のように怒ったというのです。父はいずれ祖父にも信仰に入ってもらいたいと祈りつつ、まず自分の弟（戸田恒）、妹（福田順、池田孝）たちを信仰に導き、祖母せきには、晩年肺炎で亡くなる10時間前、入院中の病院を信仰をもった兄弟が訪れ、祖母の枕もとで「おバーさん、イエス様を信じて頂戴よ」と大きい声を掛けると、「信じる、信じる」と肯いたとのこと、これを見た兄弟たちは、大丈夫気はたしかだ救われた、と皆で喜んだというのです。

最後に残ったのが祖父でした。頑固な祖父のためには信仰に入った兄弟たちで14年間祈り続けたとのこと。その間父の次弟恒は、祖父と一緒に園芸を職業としていました。相談の上2度転居して、教会の前に引っ越したのです。祖父は筆の「書」をよくし、人にも教えていたようです。それで兄弟たちは祖父に、教会の講壇に掲げるための聖句「神は愛なり」（Iヨハネ4：8）、「人の生きるはパンのみによるにあらず」（マタイ4：4）等を書いてもらい、それを教会の講壇に掲げるようにしたのです。

祖父の70歳のころ、幡ヶ谷にあった日本宣教会にミス・マギーという宣教師が来られて特別伝道会がもたれたのです。兄弟たちはこれはチャンスと祖父に、「お爺さん、あの講壇の字は素晴らしいね、見にいったほうがいいね」と勧めますと、素直にそれでは行こうかと応じて、当日講壇のすぐ前の席に座ったのです。

祖父は実は明治10年（1877年）西南の役に参加して、官軍の、抜刀隊の1人に属し熊本の田原坂の最後の一戦で武勲を立てたのです。その戦いで西郷側の敵を3人切り殺して警視庁から勲八等金鵄勲章をもらった人間なのです。ところがこの勲章が魂の呵責になったのです。同じ日本人を切り殺してしまった、自分は地獄に行ってしまうと、良心の責め苦から救われたいとの思いから観音経を上げ始めたのです。その時、祖父17歳であったといいます。彼はその時から70歳になるまで熱心な観音経の信者であったのですが、自分は救われたと思う日は1日もなく、平安も喜びもない日々を送っていたのです。

伝道集会でミス・マギーは十字架の救いを語り、「イエス様はね、私たちの罪の身代わりとなって十字架に掛ってくださったのですよ。あなたがどんなに大きな罪を犯していたとしても、今日イエス様を信じるなら、その罪はすべて赦され神の子になり、天国に入れてもらえるのですよ」と、たどたどしい日本語のお話ですが祖父武蔵にはよくわかりました。そんなうまい話があるのだろうかと、祖父はいぶかったのですが、ほかに救いはないと実感している彼は「宜しくお願いいたします」と、キリストにすべてを明け渡し洗礼を受けて70歳でクリスチャンとなり、89歳まで毎朝よく祈る神の僕とせられ、1945年1

月4日祈りの内に御国へ凱旋しました。ハレルヤ。

義孝の救い、献身

1942年4月私は、父英男が牧師をしていた現浦和別所教会で、自発的に決意して、イエス・キリストを救い主と信じ洗礼を受けました。そのころのキリスト教会は、既に日本基督教団が成立したあとですが、日本の侵略戦争を悪とする理解はなく、これに参与することが当然であると考える状況でした。そのような中ですから受洗に当たっての思いは、クリスチャンとして天皇のために身を献げることを光栄と思っていたのです。1944年旧制中学卒業後、神田にあったT工業専門学校の電気科に入学したのですが、殆ど毎日敵アメリカのB29爆撃機の空襲空襲で脅かされ、学校の授業は休講ばかり。どうせ爆撃で死ぬのなら戦争に出ようと考え、横須賀の久里浜にあった海軍対潜学校に志願して、1945年4月海軍予備生徒として入隊したのです。入ってわかったことは主力軍艦は敵の攻撃で沈没して皆無。あるのは小さな海防艦だけでした。この戦争は長くないと思わせられたことでした。入隊して4カ月で8月15日敗戦となったのです。家に帰りますと、そこは父が牧師をする浦和別所教会です。丁度その年の12月10日沢村五郎師（現関西聖書神学校校長）の特別集会がありました。

私は日本が戦争に負けたことの意味がまだよくわからない、複雑な思いでいたのですが、真剣な気持ちでその集会に参加したのです。

沢村師は、ラザロの復活の出来事を通して、「主よ、もしここにいてくださいましたら、わたしの兄弟は死ななかったでしょうに」（ヨハネ11：21）とのみ言葉から、もしイエス・キリストが日本人の魂に宿っていたならば、この悲惨な戦争は起こらなかったであろうとのメッセージを聞いて、私はまことにそうだ、戦争のない永久の平和は、日本人が1人でも多く救われることだと知らされ、伝道への志を促され献身を決意。2年後神戸神学院（後の関西聖書神学校）に入学。1950年卒業して日本基督教団の教師になりました。

最初浦和別所教会担任教師に就任。同時に既に伝道が始まっていた埼玉・川口市の駅前の信徒宅に「川口栄町伝道所」の看板を掲げ、浦和別所教会の青年有志（主として伝道献身者）と共に川口開拓伝道が始まりました。

同市はそのころ戦後鋳物工場で支えられていた商業の町で、東北六県からの出稼ぎで来ていた若い職工さんで町は溢れていました。路傍伝道を唯一の伝道戦術として毎聖日夜は、駅前の小さなカフェー（いまでいうレストラン）あとを集会場として宣教活動がなされたのです。路傍伝道を始めると黒山のように人々が集まって証しやメッセージを聞いていました。

何人かの人が勧めに従って集会に参加して、その中から若い人々が洗礼を受けて信者になり、2年後には信徒宅の敷地を借りて18坪程の仮会堂を立て、日本基督教団川口本町教会として、教団の第2種教会を設立したのです。

義孝の聖霊経験と神のみ業

1960年頃、伝道は楽しく受洗者は加えられていくのですが、私の魂には所謂人間としての野心的な情熱が支配しており、真実の内的な霊的経験に欠けている面があり、それが自らの説教の貧弱さに現れていることに気が付いていて、神の前に祈り求める日課になっていました。聖霊による真実の召命になっていなかったのです。実はその前年、インドの聖者といわれたE・スタンレー・ジョーンズ師のアシュラムの集いが御殿場の東山荘でもたれていました。私は魂に渇望を覚え参加したのです。

アシュラムはプログラムの最初のところでスタンレー師主導の「開心の時」があり、魂の深みにおけるニード（心の切なる求め）が分かち合われたのです。200名程の会衆の中に立って私は一言、「神様の本当のみ声を聞きたい」との内的渇望を述べつつ愛兄姉の交わりに加わったのです。ところが何とその私のその願いが見事に応えられたのです。1960年3月13日聖日礼拝のメッセージを正に開口一番語り始めようとした時、全身に何処からとも知れない鈍いショックを覚えたのです。おやっと思って斜め上に目を向けると、十字架の主が立っておられるのが、幻の内に見えたのです。私は感動で一瞬説教ができなくなりました。やがて我に返って30分ほど（普段の半分）のメッセージで終わり、「こんな罪深い人間に、主が霊の御手をもって触れてくださった」ことを覚え、妻と共に主のみ前にひれ伏し感謝の祈りを献げたのです。それ以来、聖霊による祈り、聖霊による讃美、聖霊によるみ言葉の味わいのなんと素晴らしいこと。その後の私の伝道牧会の業に大きな聖霊による変化があたえられ、感謝と喜びに満ちて今日に至っています。

その時私の魂にはっきり聞こえたみ言葉は、「娘シオンよ、声をあげて喜べ。わたしは来てあなたのただ中に住まう」（ゼカリヤ2：14）でした。神学校時代に教授の小島伊助師より繰り返し教えられていた「内住のキリスト」（コロサイ1：27）の約束のみ言葉が聖霊によって私の霊肉に成就したのです。ただ上からの「恩寵あるのみ」の生涯がそこから始まり今日に至っています。

これを契機に日本基督教団西川口教会（川口本町教会が移転改称）の会堂建築が完成し、現在K牧師によって立派な教会形成がなされています。その後私は1980年～93年までホーリネスの群東京聖書学校の舎監として奉職し、その間2度目の開拓伝道として東京新生教会を創設（1993年4月）、現在M牧師が主任者として活躍しています。

栄光主にあれ、ハレルヤ。

涙とともに種を蒔く者は喜び叫びながら刈り取ろう

東京カルバリーチャペル会員
アークノアコンサート代表／宣教合唱団シモンコーラス団長
池田幸子

この夏で40回目の誕生日を迎える娘は、今から29年前の小学6年生の夏に心臓弁に不具合が見つかり、急ぎ入院しての2週間目、脳に血栓が詰まり右半身麻痺姿に変えられました。

たまたまの偶然の出来事で、若い主治医から「お母さん、右手がダメでも左手があるから……」と告げられ、言葉を失う私でした。

父と夫も医師であるがゆえに医学的にはもう治らない、と希望の全くない説得に私は強く反撥し、抵抗し、現実を受け止められずにいたのでした。

大学病院小児科病棟で1年余りの入院生活を経て人工弁置換手術後に退院したのは中学1年生の初夏で、そこから高校生活までは徒歩通学ができず、タクシーの送り迎えでの学校生活でした。

最愛の娘の身に起こった悲痛な現実に向き合わざるを得ないこの時から、神様の御計画の布石が打たれていた、と今にして思うのですが、娘の状態も落ち着き始めると私は深い自己反省を自らに課したことも忘れ、いつしかまた自分勝手なわがまま気ままな生活に戻っていました。

満ち足りている日々を過ぎて10年目、傲慢な己に気づかずにいる者へ神は憐れみと慈しみのゆえに次なるテーマを下さいました。

誠実に医療に従事し仕事第一にして元気に働いていた夫に末期ガンが見つかり、娘と同じく大学病院の入院を余儀なくされて、「またここに戻ってきた……」と病室の窓からぼんやりと冬景色を見つめていた朝、ふと何かに呼ばれているとの思いが鮮明にきました。その何かとは、障がい者となった娘の姿を受け入れられず悲嘆にくれる私を教会へ案内してくれた一度だけお義理で行ったあの小さな教会に、「ここです」と招かれている気がしたのでした。

過去、散々新興宗教を渡り歩いてきた私はクリスチャンにだけはなるまい、と心に決めていたのですが、夫に教会へ行きたいことを告げ、看護の合間、礼拝へと行き始めたのでした。

日曜日の朝、きりりと寒い公園をくぐり抜け病室から通う教会では、どうして涙が溢れ出るのかわからない程に心が打ち震え、そして礼拝を重ねるうちに穏やかな現実肯定が生まれ、余命いくばくという最中も聖書を読みつつ目前の死に向き合いながら静謐な時を主がご用意くださいました。

そして、1997年春、イースター記念礼拝で私は受洗へと導かれました。

病床から夫も出席し2年と言われた余命にもかかわらず、その3カ月後に天に召されました。

間に合ったのか間に合わなかったのか、思いもかけず早い別れに混乱する私に「主は最善をなさいます」と、最悪に陥る私へ真実なる唯一の神の最善を悟してくださった牧師先生の司式で前夜式、告別式が執り行われ、この一連の式を通して姉、妹、母がクリスチャンへと主がお導きくださいました。

さて、神様は御自身の御主権で私たちの人生を創作なさり、シナリオライターとして権限を持っておられます。

これまで私の人生の防波堤であった夫を亡くしクリスチャンになりたての私は、祈り方もままならない中、「主よ、ここからどうやって生きていけばいいのですか」と朝に夕に真夜中にと祈り求めました。過去の自分の愚行を悔い改め、夫の遺したもの、3人の子供たち、自分を含めてすべてを主にお捧げして生きることの強い決意が与えられ、告白し、祈り続けました。

実直に患者さんに向き合ってきた真面目な亡き夫は、クラシック音楽を唯一のなぐさめとして愛好してきました。結婚と同時にクラシック音楽の流れる生活で少しずつ耳に慣れ親しむ程度の私へ、神様は「コンサートホール」設立の促しを与えられるのです。

周囲からもっと手堅い収入源のある仕事をと助言をいただくのですが、思いを打ち消しても祈る度にコンサートホールの迫りを受け神のご命令と受け取り、1998年秋、スタート致しました。建物は小さいホールでしたが主御自身がデザインされ、降り注ぐ主の御臨在に圧倒され思わずひれ伏し、私はその場所に置かれた一部に過ぎず、目に見えない方の存在がありました。

そして、そのホール運営は試練と困難の積み重ねの12年間でしたが、主の恵みとなぐさめとそして養われた学びの訓練期間だったように思わされます。

創世記12章1節「あなたは、あなたの生まれた故郷、あなたの父の家を出て、私の示す地へ行きなさい」と3年越しに主は語られ、持ち物への執着心を取り払われて私は閉館することに気持ちが整えられ、心からの感謝と心からの讃美をお捧げして主へすべてをお返し致しました。

与えられたみことばが行く先の杖となり、ゼロからの再スタートを主は敷かれました。

上京後、計らずも住まい付きの仕事を主は備えられ、２００５年に再婚した夫との別居が許されている時でしたが、２０１３年コンサート再開の道が開かれ、ルーテル市ヶ谷センターをお借りしての自主公演はすべて主イエス様をプロデューサーとしてお迎えし、プログラム、出演者などなど、主のお心に従うことを選びました。

これまで、自分の願いと主張の強かったこの者の失敗を主は忍耐をもって導き続けてくださり、他者からどのように思われようと、神を第一とした企画に徹することを主に求められての再開でした。

この頃から再婚した夫との教会生活を中心としての東京での生活が導かれ、ぶつかることもありながら、憐れみと恵みとなぐさめに富み給うイエス様が本格的プログラムを備えられるのでした。

自主公演コンサート2回目の2013年の晩秋。「日本クリスチャン音楽大学学長　姜春東氏」との出会いをギタリストの夫の紹介で与えられ、クリスマスを目前に夫と共に姜先生にお目にかからせていただきました。

それは2015年5月に「サントリーホールでのメサイア公演」においてマネジメントを、との依頼でした。思ってもみなかった大きなステージに一瞬戸惑い驚きましたが、「どうしてこのような者にでしょうか」とお訊ねしますと、「ずーっと祈り続けて来たのです」の一言に、「主がお入用でしたら、喜んで」とお受けすることができました。

決して決してこの者の能力ではなく、主の一方的な出会いの中に、自分の思いを超えた神の企画があり、うめきが表出されたかの神の御計画が目の前にありました。

亡き夫の遺した物をすべて失ってのコンサートホール閉館の時、詩篇１５０編、

「ハレルヤ。
神の聖所で、
神をほめたたえよ。
御力の大空で、
神をほめたたえよ。
その大能のみわざのゆえに、
神をほめたたえよ。
そのすぐれた偉大さのゆえに、
神をほめたたえよ。」

心から主をほめ賛えて去るべき時を迎えたあの日。「そうだ、もしかしたらこのような者にでも神様はサントリーホールでのお仕事をくださる時があるかも！」と自分を奮い立

たせるつもりでもらした私が夫から笑い飛ばされたことを思い出し、本当に実際に与えられるとは夢にも思わないで忘れ去っていた願望でした。

サントリーホール公演を決められた姜春東指揮者は世界宣教と日本宣教に使命があり、そのために聖霊の満たしに溢れる賛美の構築と、その賛美を通して悪しき霊的壁を打ち砕き、さらに天上へ届けられる賛美の柱を打ち立てるべく召命に立つ信仰と祈りの方でした。

互いの経緯を知らずして主が引き寄せた出会いに、私の霊は喜びが内からこみ上げ神の不思議な御摂理を噛み締めたものです。

さあ、主を心からほめ賛美する時が来ました！　祈り備えて早め早めに取りかかろう！と意気込む私は、２０１４年の年明けから救急車に運ばれること2度3度。体調不調の原因が盲腸とわかり、避け続けた手術をせざるを得なく、夏まで繰り返された入院から、9月の自主公演をやっとで終えた翌日。勤務する老医師の先生が天に召され、召天式、後片づけ、引っ越しに追われて年末を迎えた1年でした。

手付かずに近い1年を振り返るにつれ焦りとともに恐れが忍び寄り、喜びと賛美する心は萎え、祈りが押し戻される日々にうなされました。

そのような姿を知る由もないのになぜか丸見えらしく、姜指揮者は断食をもって祈りを捧げては、主は勝利者です！　との信仰を伝え続けてくださり、心を立て直し立て直しの本番日を迎えました。２０１５年のさわやかな5月の日。

「メサイア」公演はまさに天上へ賛美の香を立ちのぼらせ、ペンテコステを迎えるにふさわしく指揮者、ソリスト、合唱団、オーケストラ、そして観客が一体となって聖霊の風が吹き渡り響き渡って、主をほめ賛えたコンサートでした。

ハレルヤ！　ただただ主の御力と御栄光が小さき者の集まりに差し伸べられたメサイア公演を、天上で指揮してくださった私たちの愛する主イエス様を心からほめ賛えます。

我が神、我が主にたどり着くきっかけとなった障がい者の娘は、20歳で父親を亡くしてから誰の援助も受けず、１人での生活をし続けてきました。娘へ何もできずにいる私を憐れんでか、神様は不思議にいつも特別な恵みを下さってきました。

4年前、九段下にある勤務先を突然辞めてしまい、心を痛めていたのも束の間、娘をさらに条件の良い職場へ導いてくださいました。長い間派遣社員であったのが一流企業の正社員へと採用され、この頃より気持ちに余裕を取り戻したのか、ピアノを習ってみようか……と言い出し、小学6年生以来28年ぶりに左手のピアノレッスンがスタートしました。

習って間もなく小さいお子さんに混じって発表会があり、タイムスリップした思いで娘の発表会を見たものでした。このことだけでも喜びはひとしおでしたのに、主の御愛と御計画は思いを超えて、ピアノ再開から1年も経たずしてEテレドキュメンタリー番組を通して、「左手のピアニスト」の先生との出会いを頂き、直接にご指導を頂くことができ、2年になります。ドイツ留学で鍛えられたピアニストの先生に月1回のレッスンで見る見る娘の演奏スタイルは整えられ、型になっていきました。小学6年生で途切れていたピアノレッスンから28年間のブランクはあっても、今左手だけの演奏ですが、この4月パリの先生を紹介していただき、独力でわずかな日々のレッスンをいただいてまいりました。

病気をした時から時間が止まっているような性格の娘にどことなく優雅さを覗かせる奏法が与えられ、その変化に私の胸は高鳴ります。

「地上では旅人であり寄留者である」（ヘブル11：13、口語訳）のように、まだ、すべてが旅の途中にある今ですが、御父の御愛と主イエス様の慈しみ深い御愛に包まれて、この者の人生と家族はすべてをお捧げしたいと願い、祈る日々です。やがてたどり着くその日まで、主の輝く栄光を求めて。

教会の一致とリバイバルを祈りつつ、貧しき人々と生きる

自立協力ボランティア豊橋サマリヤ会代表
高島史弘

日本における朝祷会運動は、世界的にも画期的なことがなされているとわかるには、時間がかかりました。私は、プロテスタントの福音派と呼ばれる保守的なグループの教会に導かれて、信仰を養われてきているからです。私が幼い頃に通っていたのは、岡山県の西大寺キリスト教会であり、祖母に連れられて小さな長屋の教会に通っておりました。西大寺には、近くに芥子山という山があります。西大寺の教会の牧師と青年たちは、私の生まれる前からその山に登り、地域の人々の救い、リバイバルを求めて祈っていたことを、最近、地方伝道研究の資料を読んで知りました。私の曾祖父とその母である高祖母が、同時

に洗礼を受けた記録（１８８９年）が、岡山の日本基督教団旭東教会百年史に記録されています。子孫の救いのために、高祖母や曾祖父の祈りがあったでしょう。また、その街の人々の救いを祈ってきた教会の人々や、西大寺で伝道や講演をされた安部磯雄牧師、木村清松牧師、賀川豊彦牧師らの祈りが、直接ではありませんが後の子孫である私が個人的にイエス・キリストを信じて救われていくことに結びついていると思います。

成長期の私の信仰にもっとも影響を与えたのは、父方の祖母、高島好おばあちゃんでした。祖母は、17歳くらいの頃に洗礼を受けたと聞いております。長く看護師として勤め上げた方でした。食事のときに祖母が祈る姿が、私に信仰の道を示してくれていました。この祖母なくして、今の私の信仰と歩みはなかったでしょう。

私は24歳のとき、１９９４年4月3日のイースターに洗礼を受けて、公にクリスチャンになりました。そして、洗礼を受けてすぐに会社の転勤で、愛知県の豊橋市に引っ越し、そこで、現在所属する教会、日本同盟基督教団豊橋ホサナキリスト教会に導かれ、信仰の養いを受けました。その1年後、１９９５年の12月から１９９８年の3月まで、私は青年海外協力隊でエクアドルに派遣されていました。グアヤキル市に住み、シンプソン牧師らの流れにあるアライアンス宣教団の教会に導かれました。このときはじめて聖書を通読しました。そして、青年たちと毎週、伝道の働きをさせていただいておりました。

１９９９年3月に帰国し、会社に復職してからは通常の教会生活を送っていましたが、ある伝道訓練を受けながら、救いの証を準備する中で、自分の救いの確信が揺ぎはじめました。特に「永遠のいのちについて、自分はよくわかっていない」という思いにさせられたのでした。信仰の疑惑の時期でした。長く辛いトンネルの期間を経て、「まことに、まことに、あなたがたに告げます。信じる者は永遠のいのちを持ちます」（ヨハネ6：47、新改訳）のみことばが私の胸に落ちて、救いの確信を持つにいたりました。また、「なぜなら、もしあなたの口でイエスを主と告白し、あなたの心で神はイエスを死者の中からよみがえらせてくださったと信じるなら、あなたは救われるからです。人は心に信じて義と認められ、口で告白して救われるのです」（ローマ10：9－10）も、救いの確信の助けとなっています。１９９９年2月に「イエスは彼らに言われた。『わたしについて来なさい。人間をとる漁師にしてあげよう』」（マルコ1：17）を召しのことばと受け止め、献身の表明を牧師にしました。また、「『行って宮の中に立ち、人々にこのいのちのことばを、ことごとく語りなさい。』と言った」（使徒5：20）のことばも、主の召しのように受け止められました。その年の8月に、牧師と母に退職証明書の保証人欄にサインしてもらって、会社を辞めて新しい生活をスタートしました。会社を後にする日に、「神は愛です」という車の拡声器の声が、会社生活の中ではじめて聞こえてきて、神様の励ましを感じました。そして、会社の有給休暇を消化して退職するまでの期間に、ひとつの人生の転機となる事件が起こりました。

1999年9月16日、岡山の実家、西大寺に夏に帰省していた際、「神様を信じたい」と言ったALSという難病の友人宅を西大寺キリスト教会の西村牧師と訪問しました。その帰り、赤穂線で岡山駅に向かっていたときに、駅の少し手前で電車の人身事故に遭遇したのでした。おそらく自殺のようでした。その事故のために、私は予定していた夜行バスに乗り遅れて、夜行電車で名古屋まで行きました。早朝、まだ豊橋行きの始発が出ないとき、ふと駅の構内にいたホームレスのおじさんに声をかけたのです。そして、サンドイッチなどを一緒に食べて、おじさんの話をしばらく聞いているうちに、「何のために生きているのかわからん。死にたい」とおじさんが言ったのです。そのとき、私の頭の中で、昨日の人身事故と結びつき、「神様が、こういう人のために何かしなさい」と言っておられるように思ったのです。そして、「わたしの目には、あなたは高価で尊い。わたしはあなたを愛している」（イザヤ43：4）という聖書のことばが心に浮かびました。そして、そのおじさんと福音を分かち合い、祈ったのでした。いつの間にか、かなり時間が経っていました。おじさんを教会に結びつけないといけないと思い、近くの大韓教会にその人を案内したら、何と、その日は平日であったのに夜の特別集会の案内看板が出ていたので、そちらに行くように勧めて、そのおじさんと別れたのです。

その後、豊橋にもどってから毎週のように駅前で、教会のトラクト配布をしていましたが、3人のホームレスのおじさんが声をかけてきて、私を手伝ってくれました。それがきっかけで、ホームレスのおじさんと友達になりました。一緒に食事をし、お風呂に行き、服を提供し、証明写真を撮り、履歴書を書き、ハローワークに同行し、求職活動の手伝いをしました。3人のうちのひとりのAさんという方は、鶏関係の住み込みの仕事をみつけて就職していったのでした。神様が良い方に導いてくださっていったのでしょう。食事提供をしながら、教会の外で青空集会のようなことを定期的に持つようになりました。そのうちに、会にした方がいいのではないかと示され、2003年7月25日に自分とホームレスの仲間をメンバーに豊橋サマリヤ会を立ち上げました。そして、ゴミゼロ運動のボランティア活動に参加したり、石井十次の生涯を描いた「石井のおとうさんありがとう」の映画会などを企画したりしました。

その後、私は、豊橋駅でホームレスのおじさんと段ボールで一緒に寝る経験もし、また、2006年には、小さな廃屋を借りて、民間シェルターのような一宮ハレルヤ恵ホームを立ち上げたときには、開所時から、同じ家の同じ部屋に一緒に寝泊まりする生活を数年間続けました。一宮ハレルヤ恵ホームを開設する頃には、会社勤めの時代にためた貯金1000万円が、働きと生活のために底をついていました。ちょうどその頃に知り合ったのがイエスの友会三河支部のメンバーで、豊橋朝祷会や岡崎朝祷会のメンバーでもありました。

朝祷会の方々が、小さな者の働きのために祈ってくださり、物心両面において、まごころから助けてくださいました。2009年には、豊橋サマリヤ会のホームレス支援活動が評価されて、豊橋派遣村実行委員会の立ち上げの集まりに招かれ、実行委員長を引き受けて、派遣村相談会を数回開催しました。このときから、弁護士や市民運動家とのつながりができ、はじめて生活保護の受給ができるようになりました。それまでは、救急車で運ばれない限り、役所はいっさいホームレスの方を保護はしてくれませんでした。いわゆる水際作戦が公然と行われていたのでした。しかし、幅広い協力によってその壁が壊されました。そして、豊橋は外国籍の方々が多く住んでいますが、困窮するブラジルやペルーの方々も、一時的に救済することができたのでした。その派遣村の仲間のつながりから、平和都市をめざそう豊橋平和市民展にも毎年参加するようになり、その実行委員も担うようになりました。また、イエスの友会の仲間のつながりで生協の方々と賀川豊彦献身百年のイベントを企画し、映画会と講演会を実施しました。そして小説『一粒の麦』の再版にも実行メンバーとして関わらせていただきました。

２０１６年の現在、豊橋朝祷会は、豊橋サマリヤ会の運営する福音喫茶が定期的に会場になっています。私自身も世話人として、豊橋朝祷会から年頭集会や全国大会にも参加させていただいております。ホームレスの方々への伝道と自立協力を個人的なライフワークとさせていただきながら、外国人への支援、震災支援、平和市民運動、協同組合の方々との運動など、多彩な働きが広がってきています。

数年前、朝祷会全国連合の年頭集会で「教会の一致」をテーマに祈りの課題をいただいて祈らせていただきました。主に不可能なことはないと信じて祈っています。第2バチカン公会議では、カトリック側からプロテスタントを「分かたれた兄弟である」と言って歩み寄ってこられました。日本の朝祷会全国連合のようなカトリックとプロテスタントの協同の祈りは、世界に類をみないことをここ数年の交わりの中で教えられています。ホームレスの方々との関わりを通して、いろいろな教会の先生方とつながりができて、超教派的な考え方に私自身が開かれてきたようです。福音派の保守的な信仰も内面では堅持しつつ、祈りにおいて一緒にやっていける心境にされてきたのです。

日本の、また世界のリバイバルのために祈り、主イエス・キリストを信じる兄弟姉妹との交わりを、朝祷会の仲間を通してもてることを感謝しております。神様の祝福が皆様の上に豊かにありますように。

栄光在主。

神が与えてくださった出会い

旭基督教会牧師／大阪聖書学院学院長
岸本大樹

私がイエス・キリストを信じ、洗礼を受けたのは高校3年生の時です。私はクリスチャン・ホームの出身ではありません。数年前に母に洗礼を授けましたが、母は子どもの頃に日曜学校に熱心に通っていたと、受洗の準備の時に初めて知りました。両親の勧めで教会へ行くことはありませんでしたが、それでも私が求道を始め、信仰へ導かれたのは、多くの出会いがあったからです。

「人生は出会いで決まる」と言われることがあります。その言葉の通り、私も人生の節目節目において大切な方々と出会わせていただきました。自分ではどうすることもできない試練の中にあった時も、自分が歩むべき道を暗中模索していた時も、神は不思議な出会いを与え、その出会いを通して新しい道を切り開いてくださいました。その中の一つが、大阪朝祷会でチャプレンを務めてくださっていた辻中昭一先生との出会いです。

辻中先生は日本基督教団の牧師で、長く扇町教会で働かれ、一度隠退されてから、教派が異なるにもかかわらず、旭基督教会での働きを始められました。その頃の旭基督教会は、隣接した幼稚園ともども、前任者が信徒の承諾もなく勝手に作った債務が見つかったばかりで、存続の危機に直面していました。債務は教会と幼稚園を合わせて2億円を超えていたこともあり、前任者のことで躓きを覚えた信徒たちは教会を離れ、教会に残った信徒たちは途方に暮れていました。しかも、旭基督教会は私が属する「キリストの教会」という群れの一つでしたが、ある問題から姉妹教会との交わりが皆無に等しくなり、孤立無援の状態でした。辻中先生はそんな事情を知って、見て見ぬふりができなかったのか、火中の栗を拾うかのように、「私が牧師をやりましょう」と名乗り出られたのです。

私が辻中先生と出会ったのは、それからしばらくしてからのことです。当時の私は旭基督教会に出席することはありませんでしたが、教会のそばに住んでいました。それ以前は東京の教会でフルタイムの牧師として働いていましたが、妻の病や私自身の牧会上の対応の不味さなどもあって、教会の働きを辞めていました。幸いなことに、教会を辞めた後、大阪でキリスト者学生会（ＫＧＫ）という宣教団体の主事へと導かれ、学生伝道に携わるようになって5年目を迎えた頃でした。また、必要に応じて礼拝説教の応援に出かけていて、「またいつか教会の働きに戻りたい」と願いつつも、「こんな自分が教会の働きに戻れるだろうか……」という不安を抱えていた頃でもありました。

教会のそばに住む私は辻中先生と顔を合わせ、何度も挨拶を交わす中で、親しくお話させていただくようになりました。そんなある日、「教会で説教をお願いします」と、辻中先生からお誘いをいただきました。正直なところ、このお誘いには驚きました。同じ「キリストの教会」に属していたとはいえ、旭基督教会と私は全く関わりがなかったからです。

さらに、その説教奉仕を終えた後、改めて辻中先生が、「大変だけれども、あなたに教会と幼稚園を手伝ってほしい。私と一緒に働いてくれませんか?」と、お声をかけてくださいました。旭基督教会が私を牧師として招聘してくださるというのです。私が「キリストの教会」の出身であること、東京の教会を辞めていること、教会ではなくＫＧＫで働いていること、妻が病を抱えていることなどを包み隠さずお話していましたが、それらの事情を踏まえてくださってのことです。これにも驚きました。

辻中先生と私は、学んだ神学校も、育った教会の背景も異なります。旭基督教会は教勢が激減し、問題が山積していたため、私への謝儀は用意できないとのことでした。幼稚園にも債務だけでなく、運営上の問題もありました。病を抱えた妻が教会の働きをどう思うか心配にもなりました。私はこの招聘に感謝しつつも、お引き受けすべきかどうか、非常に悩み、迷いました。果たして辻中先生と共に働いていけるのか、旭基督教会でやっていけるのか、牧会に戻っていいものか……。

ＫＧＫの学生伝道は楽しく、充実していました。そこでも多くの出会いが与えられ、主にある仲間たちが大勢与えられました。けれども、教会を辞めた負い目、挫折感のようなものが当時の私の中でくすぶっていたのも事実です。東京の教会を辞めて、大阪へ戻ってきた直後は、妻も大変な状態で、経済的に非常に厳しい日々が続きました。それもこれも自分が教会を辞めたためではないか……と、自分を責めることもありました。教会の働きに戻りたいと思いながらも、諦めかけていたことが少なからずありました。それだけに、この招聘は教会の働きに戻る最後のチャンスかもしれないと考えました。

悩み、迷った末に、旭基督教会からの招聘は、お引き受けすることにしました。何か自分が上手くやっていける見通しがあったわけではありませんし、経済的に何らかの保証が見つかったわけでもありません。教会と幼稚園の債務の問題が解決に向けて動いていたわけでもありません。ただ、この招聘が主なる神の導きであることを信じて、共におられる神に祈りながら歩もうと決断しただけです。その時の私は、再び失敗や挫折することを覚悟した上で、次の御言葉に信頼するほかありませんでした。

「信仰がなければ、神に喜ばれることはできません。神に近づく者は、神が存在しておられること、また、神は御自分を求める者たちに報いてくださる方であることを、信じていなければならないからです。」

（ヘブライ11：6）

２００３年11月、ＫＧＫの働きはそのままで、旭基督教会へ転任しました。その後、辻中先生とは教会と幼稚園で８年ほどご一緒させていただきました。信徒の訪問、教会の日曜学校と幼稚園のキリスト教保育の立て直し、債務の問題への対応など、ご一緒に働かせていただいた思い出がたくさんあります。辻中先生は多少強引なところがあり、こころの友伝道の機関紙への原稿執筆を「明日までにお願いします」と依頼してこられたり、ご自身が急に無牧の教会へ説教奉仕に出向かれることになって、「次の日曜日はあなたが説教してください」と奉仕を振ってこられたり、いろいろとありましたが、今は懐かしい思い出です。

辻中先生から学んだことは数え切れません。特に、辻中先生は困難な中にある教会を見過ごすことがおできにならなかったようで、積極的に声をかけ、応援に出かけておられましたが、その姿勢を目の当たりにさせていただいたことは幸いでした。私のその後の牧師としての在り方に大きな影響を与えました。

債務の問題は解決に至るまで長い時間を費やし、教会として大きな犠牲を払いました。残念ながら幼稚園は閉園せざるを得ませんでしたが、教会はすぐそばに移転し、小さいながらも会堂を新たにすることができました。その経緯を詳細に語る余裕はありませんが、「教会の灯火を消してはならない」という辻中先生の熱意と、存続の危機にあっても教会に留まった信徒たちの祈りに、神が応えてくださったのだと思います。

話は変わりますが、先日、OCCカレッジ（日本福音学校大阪校）の校長に就任しました。OCCカレッジは大阪クリスチャンセンターが運営する超教派の信徒向け聖書学校です。大阪朝祷会の交わりから生まれ、開校して今年で7年目となります。校長といっても名前だけで、実務のほとんどは大阪クリスチャンセンターの方々が担当してくださいます。

前校長の平山武秀先生が第6期終了後間もなく天に召され、第7期が始まるまで時間があまりなかったこともあり、急いで後任の人選が行われたようで、その結果、自分に校長のお鉢が回ってきました。OCCカレッジで講義をすることはあっても、運営には全く関わっていなかったので、校長就任の依頼は想定外であり、青天の霹靂でした。けれども、校長就任のお話をいただいた時、次の言葉を思い起こし、断るべきではないと思いました。「何か大切なことをお願いされるということは、こちらを信頼してくださるからであり、先方が困っているからでしょう。そういう時は引き受けなさい。」

これは辻中先生がおっしゃった言葉です。日本基督教団の重鎮であり、天満教会や松山教会などを歴任された平山先生に比べると、パーソナリティーやキャリアの点で私が大きく劣ることは明らかです。東京神学大学で学んだことがあるものの、私は日本基督教団の牧師ではありません。そのほかにも校長として相応しいところは全く思い当たりませんでしたが、それでも大阪クリスチャンセンターの米田昭三郎理事長をはじめ役員の方々がわざわざ足を運んで私に依頼されたということは、私を信頼してくださってのことです。私はその言葉を思い起こし、校長就任の依頼をお引き受けしました。

今の自分があるのは、神が与えてくださった出会いの積み重ねによるものです。大切な方々と出会う度に、新たな働きが与えられ、主にある交わりが広がりました。KGKの働きを終えてから、旭基督教会の向かいにある大阪聖書学院という小さな神学校の学院長を兼任することになりましたが、旭基督教会の牧師へと導かれたからこそ実現しました。また、私に大阪クリスチャンセンターと関わるきっかけを与え、朝祷会の交わりへ招いてくださったのも辻中先生です。私にとって辻中先生と出会ったことが、牧師としての歩みを続ける上でのターニング・ポイントの一つであったことは間違いありません。

神は万事を益とし、私を導き続けてくださいました。私が特別であったとか、私の信仰が優れていたからではありません。失敗ばかりの私でしたが、自分でも気づかないうちに、神の御手の中で生かされ、導かれていたのです。

「神を愛する者たち、つまり、御計画に従って召された者たちには、万事が益となるように共に働くということを、わたしたちは知っています。」

（ローマ８：28）

私の生い立ち、主との出会い

青山朝祷会
酒井美枝子

私は韓国木甫《もっぽ》で、父方、母方ともクリスチャンのもと、兄2人、妹1人の3番目として生まれ、私は3代目のクリスチャンです。そして昭和20年12月、私が3歳の時、終戦の暮れ、両親と長男7歳、次兄6歳、私3歳、妹1歳、一家6人で日本に引き揚げて来ました。そして母の実家の姫路で、高校卒業まで過ごしました。母方の祖父が大変熱心なクリスチャンで、写真業のかたわら伝道を熱心にしていました。日曜日は祖父母の家で礼拝が持たれ、30名あまりの方々が集められていました。そのような中で育ちました。

中学1年生の時、50歳で天に召された信仰の厚い伯母の勧めで、兄妹4人は受洗を与えられました。高校卒業後は上京し、共立女子大学に入学し、卒業後は丸の内にある団体の図書館に勤務が与えられました。社会に出ていろんなことに出会い、心傷ついたり、くじけたりした時、主に出会い、27歳の時、改心の経験をし、ご聖霊のバプテスマを受けました。それ以来、私の心の中に主イエス様がおられるようになりました。酒井さんの心は燃えているようだと上役から言われました。私があまりにもにこにこ喜んでいたのでそう見えたのでしょう。そして38歳の頃、職場近くの都庁聖書研究会に導かれ、お昼休みにともに集まり、ともに聖書を学ぶ良き信仰の友が多く与えられて、励まされ、力づけられて、39年間無事勤められたことは神様のお恵みで感謝のほかございません。

以下の「話」は今年春、鈴木喩香子師より頼まれて、早稲田朝祷会で「証」させていただいたものです。

主にいやされて、信徒伝道者として献身して

「しかし、わたしの名を恐れるあなたがたには、義の太陽が上り、その翼にはいやしがある。あなたがたは外に出て、牛舎の子牛のようにはね回る。」

（マラキ書４：２）

この聖書の箇所は、しばらく前、ＣＧＮテレビで北海道で伝道されている三橋恵理哉牧師が、マルコ福音書５章に書かれている長血を患っていた女性の話と兼ね合わせてお話しておられた御言葉です。彼女は12年間も長血を患い、自分の全財産をすべて使い果たしましたが、癒されませんでした。その女性はある時、群衆に囲まれて押し合いへしあいの中で、イエス様に近づいてイエス様の御衣の裾に触れれば癒されると、確信していました。三橋先生が仰るには、この女性は、この聖書のマラキ書の箇所をよく読んでいたということです。当時は旧約聖書が唯一の聖書でした。「義の太陽が上り、その翼にはいやしがある」との太陽はイエス様のことであって、その翼とは主イエス様の御衣の裾と解釈され、救い

主、いやし主なるイエス様のことが預言されているとのことです。

彼女は、救い主、いやし主のイエス様は、絶対私を癒して下さるとの御言葉を信じて、イエス様の御衣の裾に触ったのです。そして、「その女性は癒されました」と語られました。その時、奇跡が起こされたのです。聖書の御言葉を信じて行動に移すことの大切さを教えられました。イエス様を救い主と信じた時、この女性は癒され、皆の前で勇気を持って「証」をすることの大切さを、三橋先生のメッセージを通して深く教えられました。

私は十数年前、退職する頃に「うつ」の病いにかかったのですが、現在は癒されて大変元気になりました。また小さい頃から胃腸が大変弱くて、ひどい便秘で苦しむことがありました。小学生の頃そのために10日間も学校を休んだことを覚えています。当時、引揚者だった父と母は子供4人を抱えて大変苦労をしました。クリスチャンで心優しかった父が会社帰りに、普段はなかなか食べられない美味しい和菓子を1つだけ、私の病気が良くなりかけた頃に買ってきてくれたことを、懐かしく思い出します。

私は丸の内にある会社の図書室に39年間勤めておりましたが、人の出入りも多く、職場の人間関係などで神経を使うこともあり、頻繁に便秘になり、痔も患いました。今は、すっかり「うつ」や「痔」「腸」も癒されて、毎日元気に楽しく過ごしています。主のおいやしを与えられて本当に感謝です。

職場を退職してから、私は、何か新しい世界へ踏み出したい思いがありました。海外に行くには会話力がありませんでした。当時教会では、特に若い人たちが留学や勉強のためにアメリカに行く人が多くいました。アメリカ在住の方からお誘いを受けたこともありましたが、私には行く勇気がありませんでした。でも何か自分の人生に変化をもたらしたいとの思いがありました。

そのような中で、慣れ親しんだ教会を出ました。それは私にとって大変な変化でした。その孤独と辛さと寂しさで「うつ」になりました。また腸の具合が一層悪くなり、「痔」の方もさらに悪くなりました。そのような時、ナビゲーターで伝道の仕事をされていた笹田トシエ姉が、今はご結婚されて榊山トシエ姉となられていますが、私に大変親切にしてくださいました。ある時、彼女の住まいのある虹が丘団地に泊めていただきました。翌朝は日曜日でしたので、トシエ姉が通っておられました教会へ一緒に連れて行っていただきました。その朝、トシエ姉と坂道を登っている時、その坂の遥か向こうに主イエス様の御姿が見えたのです。イエス様の小さな姿が坂の向こうに、確かに見えました。その時、私は、もしかしたらこれから行く教会で主イエス様にお会いできるかも知れないと思いました。それ以来、トシエ姉と共にその教会へ行き始めました。私にとっては何事も初めてでした。異言のお祈りがありました。讃美歌もこれまでの讃美歌と違って主だけをほめたたえ、讃美し感謝する讃美でした。聖餐式は毎週あるので感謝なことだと思いました。女性牧師でしたが、若いせいか少々合わないところもありました。今は、彼女のことを尊敬しています。

しかし、その教会へ通っている中で、お願いして祈っていただいたり、自分でも一生懸命いやしのためにお祈りしました。そして、いろいろの集会、大会にも出席し、いやしのお祈りをしていただいている内に、私の「うつ」の病いと腸の具合は癒されました。素晴らしい先生方にもよくお祈りをしていただきました。癒していただいたことを心から感謝しました。そして、私の残る生涯を主のためにすべて捧げますと決断しました。また、今の教会の親の教会の牧師より、信徒伝道者として献身する決意を表す祝祷のお祈りもしていただきました。

それから私は、主に献身することに決めて以来、身も心も主に捧げて、残る旅路を伝道のために生きる道を歩んでいます。信徒伝道者として献身した後、同じマンションの2階に素晴らしい友人が与えられて、その方と一緒にCDちいろば牧師榎本保郎説教集『新約聖書一日一章』全巻を購入して一緒に聞き、食事を共にしているうちに、彼女の心がすっかり開かれて、彼女自身が決断されて、私の通う教会の萌子牧師より受洗されました。彼女は20年近く前に脳梗塞になられて右半身麻痺でしたので、車椅子を押してあちこち連れて行ったり、何かと助けてあげています。礼拝にも一緒に出席しています。彼女を助ける良き奉仕の機会が与えられました。彼女の車椅子を押したりしたお陰で、私は大変体力がつき、今は少しのことでは疲れなくなり、持久力が与えられました。以前よりすごく元気になりました。神様のお恵みです。感謝です。

私の生け花を通しての証しをさせていただきます。若い頃からずっと勤めの傍ら生け花を習ってきました。退職後、近隣の特養ホームの玄関に私の生け花を生けさせていただく奉仕を始めました。現在も続けております。4〜5年前、そこの施設長より、施設の3階に入居している方々に生け花を教えていただけませんかと頼まれて、月1回教えるようになりました。ある時、萌子牧師より「生け花をする時にお祈りしてください」と言われ、皆さまがお花を生けておられる時を見はからってお祈りをするようになりました。すると、その中のおひとりが「私もイエス様を信じて天国へ行きたい」と言われました。その方は昨年の3月、萌子牧師を通して受洗されました。その他の方々にも徐々に心が開かれていかれるようでした。大変感謝で、神様のお恵みです。

その後私の家でも生け花を教えるようになり、同じマンションの方々が3名、そして近くに住んでいる友人が1人加わり、合計4名に教えることになりました。自宅では制約がないので、更に自由に伝道できるのではないかと思います。自宅で教え始めて早1年半位になります。長年してきた生け花を通して伝道できることは大変感謝なことだと思っております。また、近隣の方々と親しくなることは、1人暮らしの方々も多くなり、何かと助けあえ、祈りあえることは大変感謝です。

このように毎日楽しく感謝な日々を過ごさせていただいております。主がいつも共にいて下さる生活は大変素晴らしいです。御言葉を行うことの大切さも、現在通っている教会で一層教えられ深められております。全てが感謝に変えられる人生、主を信じることの幸いを心から感謝いたします。ハレルヤー、アーメン。

（２０１６年３月　早稲田朝祷会にての証しより）

内住のキリストに導かれて

ブラジル在住養蜂業／自給伝道者
寺尾貞亮

私の試練

「私は裸で母の胎から出て来た。また、裸で私はかしこに帰ろう。主は与え、主は取られる。主の御名はほむべきかな。」

（ヨブ記1：21）

ヨブは、霊的にも健康的にもあらゆる試練を通らされました。私も、人生の天国や地獄を知っています。天の神は、全人類のひとりひとりに恵みをお与えになり、また試練を与えられます。

数年前、私は医師から「あなたの両耳は、補聴器なしでは聞こえなくなる」と宣告されました。６歳の時、原爆爆心地から4キロの所で被爆したためです。

3歳上の兄は12年前、原爆症によるガンで天に召されています。

マタイ福音書26章52節の「剣を取る者はみな剣で滅びます」は真実です。

父、寺尾辰雄は日露戦争後の１９０８年に中国の奉天で誕生し、平和を愛しピアニストの道に進みました。１９３６年に大山田鶴子と満州大連にて結婚し、日中戦争の戦乱を逃がれるために移転した兵庫で、１９３９年2月6日に私が生まれました。太平洋戦争の徴用に取られた父は急性肺炎にかかり、京都の自宅に帰ったものの、１９４５年1月30日、家族5人の目前で、38歳で天に召されました。私はこの試練を6歳の時に受けました。戦火は激しく、郷里の長崎へ移転した矢先の8月9日、一家は長崎に投下された原爆に見舞われたのです。

敗戦の日本は貧困と飢餓の世界となりました。アブラハムがひどい飢饉の時、「彼女は、ほんとうにわたしの妹です」と嘘であざむいたように、28歳だった母も家族を飢饉から救うために、3人の子連れを1人の子と偽り、再婚を決断したのです。しかし、義理の父となった永野権七は、貧しいながら受け入れてくれました。長崎で初めてキリシタンの教会が建った横瀬村で、さらに3人の子どもが生まれました。父母が農作業をする間、兄と私は子守りをし、学校に行くことができたのは雨の日だけでした。カバンも傘もなく、ふろしきに包んだ教科書や帳面は雨でずぶ濡れになり、使えなくなりました。

「悲しむ者は幸いです。その人は慰められるからです。」

（マタイ5：4）

貧しさと村八分的ないじめの中、天来の光をいただいたような素晴らしいことがありました。12歳の時、蒸し芋弁当が恥ずかしく弁当を食べたふりをしていたところ、担任の山滝徳治先生が、「寺尾、ちょっと教員室まで来なさい」と秘かに呼びました。部屋に入ると、「僕の弁当を、君に残しておいたよ！」と弁当箱に半分の麦飯が

残っていました。「ここなら誰にも見られることもないから、食べなさい！」と。私は、心の中で涙を流しながら、愛の御馳走をいただきました。これが生涯、私の慰めとなり、励ましとなりました。私は、山滝徳治先生がキリスト者であったかどうかは知りません。しかし、これが最初の内住のキリストとの出会いでした。

「わたしのこれらの言葉を聞くだけで行わない者は皆、砂の上に家を建てた愚かな人に似ている。」

（マタイ7：26）

1953年、田舎の貧しい家庭が崩壊しました。父の留守中、母は子ども4人を連れ、風呂敷包み3つと片道キップを持って、村に来る小さな客船で逃げるように家を出たのです。母の胎には2カ月の子がいました。長崎市の祖母の家にたどり着いたのは、夕暮れ時でした。長崎駅付近には引揚者たちのバラックがひしめいていました。南京虫が棲む小さな貸部屋をやっと見つけ、母は日払いの労働者、19歳の兄と私は、アイスキャンデーや漁船の船員相手にまんじゅうを売り、家族6人の生活を支えました。

「人はそれぞれ自分の欲に引かれ、おびき寄せられて、誘惑されるのです。欲がはらむと罪を生み、罪が熟すると死を生みます。」

（ヤコブ1：14－15）

兄の後を追って、無学な私も長崎海星高校の夜学で学び始めました。人を幸福にするのは学問なのか、それとも金儲けをすることか、悩みながらも私は一生懸命、勉強をしました。ある時は、やくざの親分に誘われ、大サバの荷あげを沖合いで横流しする闇取引の仕事で大儲けしたこともありました。小舟に身を伏せ、水上警察のサーチライトから隠れたこともありました。夜の漁港には、漁業者相手に誘う水商売の女性たちがおり、「姦淫」の罪の誘いにも落ちていました。21歳の私は、うわべは模範生でしたが、自分の罪はいつか必ず暴露されるという恐れに追い詰められていました。

その頃、新聞広告で「ブラジル単独青年移民募集」を知り、「そうだ、日本より最も遠い国、ブラジルへ移民しよう」と、さっそく県庁に出向き移民申請許可を受けました。モーセがエジプトから逃亡したように、私も「闇取引の社会的犯罪と性的姦淫の罪」からの逃亡でした。母も第2の夫を捨てて逃亡した罪に悩み、日蓮宗の信者となりました。遠い南米へ行く決心をした私に入信を勧めてくれましたが、「南無妙法蓮華経」の勤行をしても、罪の問題の解決は得られませんでした。

１９６０年10月30日、１０００名以上の移民者たちを乗せた移民船ブラジル丸は、横浜港を出港しブラジルへ向けての45日間の航海が始まりました。出航の日、兄は自分の血を売ってお金を作り、見送りに来てくれました。

船上での内住のキリストとの出会い

「出会いは、その人の人生を変える」。取税人マタイは、イエス・キリストとの出会いによって、最も罪深い境遇の中から救われました。

罪の悩みと苦しみの中にいた私に、２度目の内住のキリストとの出会いがありました。ロサンゼルス港から乗船してきた、北米日系キリスト教連盟（ＪＥＭＳ）の豊留真澄牧師との出会いです。この方はまさしく聖霊の実を持っておられ、私は心を惹きつけられていきました。パナマ運河、カラカス・ドミニカ等の島々を巡り、サントス港までの広大な船旅でした。太陽が沈むと、夜空に南十字星ときらめく幾万の星々が光り輝き、「寺尾さん、見なさい、この広大な海を、この夜空を見なさい。この大宇宙を創られたのは、天の主ですよ」。師との30日間の真実な愛の交わりと神の真理の言葉によって、私の罪深い汚れた心は洗われていきました。ブラジル上陸の時には、天の主より愛と平安と喜びをいただき、新たに始まる生活に希望がいっぱいでした。

ブラジルという国

「我々が偵察して来た土地は、とてもすばらしい土地だった。」

（民数記14：7）

ブラジルを発見した提督カブラルも、やはり同じように報告したでしょう。

1960年12月15日、私は、リオ・グランデ・ド・スール州へ農業労働者として入植しましたが、大量の農薬によって健康を害し、3年後に農場から逃げ出しました。サンタカタリーナ州、バラナ州、リオ・デ・ジャネイロ州の各地で職を転々とした後、サンパウロ市内にあるメリヤス工場の機械手として働く傍ら、夜学校にてポルトガル語を学びました。

ところが大腸炎にかかり、極度の衰弱で死線をさまよった私は、福音日本人教会に助けを求め、1966年1月18日、主の憐れみによって、竹村之虎師を通して受洗しました。自給伝道者としてのビジョンを受け、サンパウロ市内に古家具店を出店し、ブラジル伝道に来られた大江寛人師（中田重治師の孫）から伝道者訓練も受けました。

1969年5月10日30歳の時、サンパウロ州プレシデンテ・プルデンテ市のホーリネス教会で日曜学校教師として奉仕していた五島照子（27歳、小学校教師・日系2世）と結婚しました。家具業は順調で、早朝に社内礼拝を守り、支店3つ、従業員15名までに発展しましたが、金と神とに兼ね仕える弱さや不信仰から、大インフレの波に襲われて倒産し、40歳で全財産を失いました。

苦境の中で私は、ヨブの信仰に励まされ、結婚のお祝いにいただいたミレーの「晩鐘」の絵を見て、これからの人生は「これでなければならない」と主に全き明け渡しを決意しました。

日系移住地コロニャ・ピニャールで、福音伝道を目的に日本語教師として赴任し、その傍ら、ハチミツ採取のための養蜂を始めました。１９８５年、蜜蜂の巣の中に作られるプロポリスの存在を知り、自分に試用してその効力の素晴らしさを発見しました。翌年、プロポリスの事業と家の教会のビジョンを鮮明に示され、25キロ離れたピラール・ド・スール市に移転しました。家族は二男二女の６人でした。家の教会には数家族が集い、希望に燃えていました。

１９８８年、28年ぶりに祖国日本を訪れる恵みを得、主の証しとプロポリスのお土産を持って親族との再会に涙しました。事業は祝され、東京の会社との取引も始まりました。１９９０年、世界一の高品質とされる「茶緑色系プロポリス」を発見し、日本の養蜂新聞に発表しました。

その間、市内に土地を購入し、礼拝ができる住宅と公認のプロポリス工場を建設し、１９９３年には16万１０００平方メートルの土地を購入し、本格的な第２工場と聖書キャンプ場を建設しました。合計９つの農地が与えられ、牧畜、養魚、無農薬栽培の立体農業のビジョンが実現しました。１９９７年７月、ブラジル・アライアンス・キリスト宣教師団より大江寛人師同席のもと、伝道師としての按手を受け、２００３年3月21日、ＪＴＪ宣教神学校（通信制）神学部牧師志願科を卒業しました。

私は、信仰的にも経済的にも多くの失敗をしました。

家の教会では分裂が起こり、苦境に陥ったこともありました。ブラジルは、建国５１６年の今も、国は安定していません。経済の変動が激しく、１００年の歴史がある日系の銀行さえも倒産していきました。２００３年からの不況で会社の赤字を補うために、２０１6年までに2つの不動産を売却しました。以前倒産した時に、社員も家族も悲惨な目にあわせてしまったので、失敗を繰り返さないように、会社の資本を３つに分けました。３分の1の資本で運営し、３分の１を安定外貨に替え、３分の１は不動産を幾つにも分けています。それは高利貸的ブラジルの銀行に頼らないためです。

すべてのタラントは、主からの預かりものです。ヨセフの知恵に学ぶとともに、「神と富とに仕えることはできない」と主の御声が聞こえてきます。

私のキリスト者としての50年はブラジルにあります。地上の生涯を証しされた兄姉の最期の日も見てまいりました。私の魂を導いてくださった田村耕治師、山崎長文師、佐藤柱輔師との出会いもありました。

主に祈り、霊的にも、経済や健康についても、主の導きを求めずにはいられません。私は、エリコのザアカイのように、主イエスにお会いするために、今も「いちじく桑の木」に登って主をお待ちしております。

アーメン。

あなたの御言葉はわたしの道の光

——思い出すことども

日本聖公会奈良基督教会牧師
井田　泉

１９７７年の春に神学校（聖公会神学院）を卒業して40年目の秋を迎えている。年齢と経験からすればすでに牧師としてベテランの部類に入るのだろうが、現実はいよいよ増える課題を前に途方に暮れる思いがすることが多い。しかし一方、ここまでよくも生かされてきたと感じる。

私は１９５０年1月に滋賀県大津市に生まれ、その年のイースターに、両親の属していた日本基督教団膳所《ぜぜ》教会で幼児洗礼を受けた。その後の転居で家が教会から遠かったこともあり、しばしば教会に連れて行かれたというわけではなかったが、神への素朴な信仰とともに成長した。小学校の何年生の時だったか、「私の信念」という題で作文を課せられたとき、「主われを愛す」を引きながら信仰について綴った記憶がある。また教会でもらった「わたしはぶどうの木、あなたがたはその枝である」と記された陶器の小さなお皿を、長い間机の前に掛けていたのを覚えている。小さな新約聖書がいつもそばにあって、時々開いては読んでいた。最も大事なことはここに書かれているし、これが神さまとつながる最高の頼りだという思いはかなり早いうちからあったと思う。

大学1年の時、日本聖公会大津聖マリア教会に移った。私は中学の頃から韓国・朝鮮に関心を持つようになり、1968年、大阪外国語大学朝鮮語学科（現、大阪大学外国語学部）に入学した。やがて全国的に学園紛争が起こった。翌1969年1月19日だったか、テレビで東大安田講堂をめぐる全共闘と機動隊の攻防戦を見て、翌日大学に行ったところ、正門が封鎖されており、「大阪植民地主義大学」「内なる東大を粉砕せよ！」と大書されていて、入ることができなかった。当時朝鮮語学科研究室では朝鮮語辞典編集事業が進行中で、かなりの学生がこれに参加しており、私もその1人だった。学内で作業継続は不可能であり、主な書物、資料やカードは近くの大阪教育会館の一室に移された。授業がなかったほ

ぼ1年の間、私は大津からその臨時研究室に通うことになった。

しかし心には迷いと痛みがあった。この大学の混乱と激動のなかで、クリスチャンとして何かしなければならないと思いつつ、何もできない無力感に捕らえられていた。当時、教会には学生・青年がたくさんいたが、多くは「教会革新運動」を唱え、既存の教会を批判した。大津の教会では、ある年のクリスマスは青年会のほとんどが教会の礼拝に参加せず、独自に礼拝（集会）を持った。私は比較的穏健な立場を取っていたので、両方に参加したため、先輩から咎められるようなこともあった。

大学3年の終わり頃だったか、全国の聖公会SCM（Student Christian Movement）の大きな研修会（スタディ・カンファレンス。通称「スタカン」）が野尻湖畔で開かれ、友人と一緒に参加した。公的プログラムには礼拝もなく、有志だけで礼拝の時を持った。主題は「闘う神学の構築を！」だった。講師は若手で著名な聖書学者だった。彼は伝統的な教会とキリスト教理解を徹底的に批判し、さらに「今どき、イエスの復活を信じている者などは1人もいない」と断言した。私はこの言葉に非常なショックを受けた。すでにそれまでに幼い頃からの素朴な信仰は揺さぶられて確信が持てなくなっており、どうにかして解決を得たいと思っている最中のことであった。

礼拝には毎週出席していたが、信仰のすべて、礼拝のすべてにほんとうの根拠があるのかどうか、という疑問が私を苦しめた。かの講師の話を聞いて以来、とりわけ「復活」がわからないことが最大の苦しみとなった。カール・ヤスパース、ついでキルケゴールをすがるようにして読み、闇からの脱出の道を必死で探していた。

ちょうど大学の4年に、「専門科目」としてデンマーク語学科の大谷長《まさる》先生による「キルケゴール『死に至る病』講読」が開講されたのは非常なさいわいだった。卒業が近づいた1972年1月頃、大津から大阪への通学の途中、京阪電車の特急の中で無教会の高橋三郎先生の『キリスト信仰の本質』という本を読んでいて、その関連で新約聖書を開き、ルカによる福音書のエマオ途上の2人の弟子のところを読んだ。主の十字架刑から3日目の日曜日の午後、エルサレムからエマオに向かう2人に見知らぬ1人が追いついてきて、道連れとなる話である。2人は強いてその人を家に迎え入れ、夕食を共にする。その人がパンを取り、祝福して裂き、それを皆に渡していた時、それがイエスであることがわかった。2人は言う。

「道々お話しになったとき、また聖書を説き明してくださったとき、お互の心が内に燃えたではないか」

（ルカ24：32、協会口語訳）

ここを読んだとき、私のおなかのあたりに温かいものが燃えた。温かく熱いものは、日が経っても消えず、燃え続けて、いよいよ確かなものとなっていった。復活の主イエスご自身が迷い苦しんでいた私を追いかけてきて、一緒に歩んでいてくださったことがわかった。私の一番の苦しみであった「復活」が、今や最高の喜びとなり、力となった。

大学卒業後は、同志社大学大学院神学研究科に進んだ。大学の卒論のテーマとした朝鮮キリスト教史をもう少し深めたいと思ったからである。けっして牧師にはならない、なれない、と固く決意していた。復活の喜びは燃えていたものの、万一牧師になってからまた懐疑に陥れば、自分だけではなく信徒を巻き添えにするのが恐ろしかった。しかし同志社2年目の頃から、心のどこかで聖職の道が気になり始め、それを抑えようとして葛藤が続き、次第に苦しみが高じるようになった。ずっと祈り続け、また何人もの先生方に相談に乗っていただいた。

ホレブの山で、モーセが燃えて燃え尽きない柴に近づいた時、神の声を聞く。主はモーセに対して、エジプトで奴隷の生活に苦しむイスラエルを解放するようにと命じられる。

「『ああ主よ、わたしは以前にも、またあなたが、しもべに語られてから後も、言葉の人ではありません。わたしは口も重く、舌も重いのです』。『だれが人に口を授けたのか。……主なるわたしではないか』。『ああ、主よ、どうか、ほかの適当な人をおつかわしください』。そこで、主はモーセにむかって怒りを発して言われた、……」

（出エジプト記4：10－14）

神から叱責されたと感じた私は神に全面降伏した。聖職志願書を提出して間もなく、京都教区から「聖職候補生」として認可された。復活の喜びと、今や確信となった召命感を持って、東京の聖公会神学院に入学した。１９７５年の春であった。

入学して間もない頃のある主日、近くの日本基督教団桜新町教会の礼拝に出席した。川名勇牧師のその日の説教は、あのエマオの弟子の物語であった。聞いているうちに、復活のイエスご自身がそこにおられるのをはっきりと感じた。

しかし私の神学生時代は、初めての寮生活ということもあり、面白いこともたくさんあったが、精神的にはほとんど闇の時代であった。入学して最初の夏休みに、未完成だった同志社の修士論文を完成させ、提出してほっとした後、どうしたわけか「うつ」の状態に陥った。2学期が始まっても回復せず、それどころか「神を見失う」という状態となってしまった。あれほどの喜びまた力であった復活のイエスが感じられなくなり、親しいものであったはずの聖書は心によそよそしいものとなってしまった。この状態は長く続き、もう自分の将来はないと思えた。それでも聖書以外に頼るものはなかった。

ある夜、体調を崩して寮の自室で横になっていた。現在の葛藤、将来への不安……。夜のガリラヤ湖で嵐に襲われた弟子とは自分のことであった。転覆しそうな舟の中で必死でイエスに向かって叫んだ。「わたしたちが死んでもかまわないのですか!」。するとイエスは風を叱り湖を静めて、「どうして信仰がないのか!」(マルコ4:40)と言われた。イエスに叱責されたことで落ち着かされた。

またある晩は不安と焦燥感で耐えがたくなり、祈祷書の詩編を開いて声を出して読み続けた。たまたま開いたのが第77編だった。

「われ声をあげて神によばわん　われ声を神にあげなば聞きたまわん　われ悩みの日に主をたずね　夜わが手をのべてたゆむことなかりき　わが魂は慰めらるるをこばみたり」

苦悶の中で慰められるのを拒む詩人の魂は、やがてイスラエルの遠い歴史を想起する。自分自身が経験したのではない、しかし自分が属している信仰共同体の先祖がかつて経験した神の恵みの出来事を、ひとつひとつ思い起こしていく。

たとえ今、自分が神を実感することができず、不信仰と疑いのうちにあるとしても、それだからといって神を否定するのは傲慢であると思った。むしろ、自分ではなく他者の経験をひとつひとつ確かめなくてはならない。マリアが神を賛美して歌うとき、マリアが何を経験したのか。それを確かめたい。極端に言えば、聖書全部、教会の歴史の全部にわたってそれを確かめてからでなければ死ぬことはできないとまで思った。私のではなく、他者の神経験の「証言」が私の大事なテーマとなった。

「わたしは限りなき愛をもってあなたを愛している」(エレミヤ31：3)

これは神学生時代にカール・バルトの説教をとおして出会った言葉である。

「その『わたし』と言われる神さまがわからないから悩んでいるのです」

「わたしは限りなき愛をもってあなたを愛している」(エレミヤ31：3)

「『限りなき愛』と言われても、わたしにはその愛がわかりません」

「わたしは限りなき愛をもってあなたを愛している」(エレミヤ31：3)

「『あなた』と言われるそのわたしは、神を感じることができなくて苦しんでいます」

「わたしは限りなき愛をもってあなたを愛している」（エレミヤ31：3）

10回疑問を投げれば10回同じ言葉が返り、100回抗弁すれば100回同じ断定が戻ってくる。これが、私に対する神の呼びかけなのだろうか。それで解決が与えられたわけではないが、それでも懐疑と不信仰の沼の中で私を支えてくれた大切な命の言葉である。

「神学校を卒業するまでにご自身をはっきり示してください。任地に行くまでに信仰の確信と平安を与えてください」と、毎日涙を流して祈っていたが、その願いは叶えられなかった。不信仰を抱えたまま、京都の下鴨キリスト教会・下鴨幼稚園に赴任した。内的には不安と混乱のまま、しかし教会と幼稚園の次々に迫ってくる仕事に対応していくほかはなかった。1年分の元気も、否1週間分の力もなかった。この日1日分だけの信仰と力を与えてください。出エジプトの民が、毎朝その日1日分だけのマナを与えられて荒野を旅したように、その日1日を生きて働くだけの信仰を神に願い求めて過ごした。思えば神さまは、確かに日ごとの糧を与えてくださっていたのである。

大学時代のような明確な信仰の解決を期待したが、それは与えられなかった。しかし非常にゆっくりと、しかし時間をかけて確実に、神は私の不信仰を癒していかれた。

思えば神学校を卒業してから40年近い年月が経った。立教大学の助手を3年、母校・聖公会神学院の教師を15年、合わせて18年間東京に暮らし、2000年の春に関西に戻り、大津、京都を経て現在の奈良は5年目である。その間には深刻なうつ病を経験したこともあった。現在もいくつもの難題を抱えている。しかしそれでも私はやはりこの務めを愛している。十字架に死に、復活された方が私を生かしていてくださる。詩編の言葉が思い浮かぶ。

「あなたの御言葉は、わたしの道の光」（詩編119：105）

井田　泉

1950年滋賀県大津市に生まれる。大阪外国語大学朝鮮語学科（現・大阪大学外国語学部）卒業。同志社大学大学院神学研究科修士課程修了。聖公会神学院卒業。下鴨キリスト教会、立教大学文学部キリスト教学科助手、聖公会神学院教授、日本聖公会京都復活教会、京都聖三一教会牧師等を経て、現在、奈良基督教会牧師・親愛幼稚園園長・富坂キリスト教センター「日韓キリスト教関係史研究会」主事。

わたしの切り出されてきた元の岩

日本基督教団上尾合同教会牧師
秋山　徹

「わたしに聞け、正しさを求める人、主を尋ね求める人よ。
あなたたちが切り出されてきた元の岩、掘り出された岩穴に目を注げ。
あなたたちの父アブラハム、あなたたちを産んだ母サラに目を注げ。
わたしはひとりであった彼を呼び、彼を祝福して子孫を増やした」
（イザヤ書51：1－2）

主の民イスラエルを70年に及ぶバビロンの捕囚から再び約束の地に呼び返すにあたって、

主なる神は「あなたたちが切り出されてきた元の岩、掘り出された岩穴に目を注げ」と預言者イザヤを通して命じられます。今、わたしは70歳を過ぎ、牧師としてほぼ50年の歳月をこの地上を行きめぐって過ごしてきて、人生においても伝道者の生涯においてもファイナルステージにたっていますが、わたしの「切り出された元の岩」「掘り出された岩穴」はどこかをしきりに思い返す時が多くなっています。

不思議なことに、イザヤは「切り出された元の岩」「掘り出された岩穴」について、イスラエルの民の故国カナンの地、乳と密の流れる地ではなく、「あなたたちの父アブラハム、あなたたちを産んだ母サラに目を注げ」と言っています。イスラエルの民が真に立ち返るべき故国は、土地ではないのです。主なる神がアブラハムに「父の家を離れてわたしが示す地に行きなさい。わたしはあなたを大いなる国民にし、あなたを祝福し、あなたの名を高める、祝福の源となるように」と呼び出された主の呼び出しと祝福の約束にこそ目を注げと命じられます。

わたしもまた、イスラエルの民と同じく、「切り出された元の岩」「掘り出された岩穴」のもとをたどると、それははるかアブラハムやサラの系譜にまで連なりますが、直接的には父・秋山通明、母・秋山政子の信仰とその生涯のことが思い起こされます。両親ともにすでに走るべき行程を走り終えて世を去っていますが、彼らに示された神の呼び出しと祝福の約束、それに応えた信仰と生涯に「目を注げ」と促されてきたように思います。

父・秋山通明は、1908年に愛媛県温泉郡河野村で生まれました。白砂青松の瀬戸内海に望む、現在は松山市に組み込まれている小さな漁村の農家の長男でした。病弱の父を支えて、学業もそこそこに早くから一家の生計を立てていかなければならない境遇でした。父が20歳の前後に、この村にアメリカからの宣教師がやってきて、主イエス・キリストの福音がこの地に響き渡り、父も誘われて、その声に接する機会がおとずれました。アメリカのA・B・シンプソンによって創設されたクリスチャン・アンド・ミッショナリー・アライアンス（現在の日本アライアンス教団）からの派遣宣教師として来られた若き日のミス・メーベル・フランシスと出会ったのです。フランシス先生は一家をあげて日本の伝道のために献身され、広島県、愛媛県を中心に力強い伝道を展開し、戦時中も送還に応じないで日本にとどまって、日本の魂の救霊のために尽くされた方でした。フランシス先生の愛に満ちた笑顔とその口から語られる福音、キリストの十字架の愛と、キリストを信じ、罪を贖われたものとして高く清い人間としての生き る姿に、向上心の強い父は心をとらえられて、自分の内なる罪との大きな葛藤を経てではあったようですが、自分をキリストに明け渡して1929年5月に北条の海岸で洗礼を受けます。日本アライアンス教団柳原教会の第1号の受洗者でした。洗礼を授けたのはミス・フランシスの弟で松山から来られたミスター・D・R・フランシス宣教師。その時に瀬戸内海の海水に全身を浸して洗礼を受けた仲間の1人に、隣町の北条のアライアンス教会で同じようにミス・フランシスから福音を聞いて救われた胡田政子がおり、奇しくも11年後に2人は結ばれます。わたしたちの家族の信仰のルーツはここにはじまるのです。母は北条の町の中心街にある大きな呉服屋の娘で、松山の高等女学校に在学中にキリスト教の福音にふれたのが最初であったようで、両親もキリスト教には理解があった家庭でした。

洗礼を受けた父は、畑仕事や瓦造りの工場で働きながら熱心に教会に通い、聖書を学び、祈り、弟たちを教会に導いて、伝統的な村社会のいやがらせや迫害に遭いながら、2人の弟と母も救いに導き、一家をあげて信仰に励むようになります。この時期、日本は軍国主義の高まりとともに中国との戦争に突入し、父も徴兵制度に従って上海事変の折には応召します。この後二度も従軍しますが、この時期の青年・壮年にとっていや応なしに侵略戦争の一端を担わされる中で、キリスト者として大きな矛盾を感じることなく、善かつ忠なる日本国民として戦地に赴いたようです。第1回の応召から帰ってから、父の心に自分の人生の進路について考えるとき、伝道者として献身するようにとの召命のささやきが心に聞こえるようになってきました。しかし、正規の教育を受けているわけでもなく、まして、一家の生計を立てる責任を負っている者として、とても踏み出すことはできないと迷う一方、次第に弟たちが成長して、協力を得ることもできるのではないかと思い悩んでいたとき、決定的な呼び出しを経験します。松山で行われたある集会で徳島から来られたローガン宣教師によって語られた言葉でした。ローガン先生は徳島で賀川豊彦を導いた人です。集会に参加していた父は、講演の中で、ローガン宣教師が「今晩出席者の中で心に大きな悩みで苦しんでいる人があれば、その人のために祈りますから要点を紙に書いて出すように」と言われたのを聞きました。父は日ごろの悩みをと率直に「献身をしたいが迷っている」と書いたところ、集会の中で「秋山通明さん」と突然、父の名を呼ばれ、「手を鋤にかけてから後ろを顧みる者は、神の国にふさわしくない」との御言葉を読まれて祈られたそうです。この時のことを「雷に打たれたようだった」と父はよく語っていましたが、これが天からの声となって、すべての思い煩いを後にして、献身へと大きく前進する神からの呼び出しとなったのです。

献身を決意して家族の承認を得、神学校に入り、伝道者として立つまでの過程は、まさに波乱万丈、何しろ高等小学校を出ただけで何の学歴もなく、何の資金的な援助も裏付けもなく、ただ主に召されて主のために献身するという決意と志だけがはっきりしていて、それだけで飛び出したのですから、そこに驚くようなドラマが展開するのは目に見えています。アブラハムの神、イサクの神、ヤコブの神は、ご自身の働きのために人を呼び出される時、それぞれの人の人生を想定外の御業によって導かれることを身をもって体験することになります。

まず献身にあたってクリアしなければならなかったのは、家族の了解でした。案の定、病弱の父は大反対。寝耳に水の申し出に驚いて、「なにも牧師にならなくても信者として信仰生活を送り、神に仕えて奉仕することができる。長男のお前でなくてももっと身軽に献身できる者がなればよい。それより早く結婚して安心させてほしい」と繰り言を述べるだけでした。しかし、すでにキリスト者になっていた2人の弟は「自分たちはもう成年に達しており、後は僕らが引き受けるから、兄さんは主の召命に応えてください」と健気に賛成してくれ、また母も「本人がそれほど望むなら、その望みどおりにしてやるのが一番よい。あとは何とかなるだろう」と言って支えてくれたのです。父の召命と献身は、1人父だけの献身ではなく、家族全体が主のために献身し、主に従い、行き先を知らない旅に歩み出すことであったのです。

さて、父が献身を決意して神戸の塩屋にある日本伝道隊聖書学舎、現在の関西聖書神学校に入学したのは1933年9月、25歳になるころですが、この神学校に入学するまでに一波乱ありました。アライアンスの教会にいながら日本伝道隊の神学校を選ぶに至ったのは、そのころアライアンスの教団の中で混乱があり神学校の開講が危ぶまれていたことと、伝道隊の神学校のほうが神学的にもしっかりしているようだとの先輩牧師たちに勧められてのことであったようです。問題は、「中学卒業と同等以上の学力のある者」との入学資格条件があり、これも、高等小学校を出てから「中学講義録」を取り寄せて独学で勉強していたことが役に立って何とか受験の道が開かれそうだということで、故郷の教会のみんなに祈られてトランク1つで神戸に向かって旅立ったのです。1933年4月のことです。神戸から郊外の塩屋に行き、早速校長の沢村五郎先生に面会し、「聖書学舎に入学を許可していただき、ご薫陶を受けたい」と申し出ます。ところが、沢村先生は困ったような顔をして、「急に言われても入学できない。入学試験を実施して合格しなければ入学を許可するわけにはいかない。それに、この学舎の入学は9月である。途中入学はできない」とのこと。なんと、入学試験の日程も入学手続きも事前に調べることもなく、神からの呼び出しだけを聞いて故郷を出てきてしまったのです。インターネット時代の今の世代の人には、いや、わたしたちの世代の者にとっても考えられないようなことですが、何とも牧歌的な話で、学校の入学は4月からと思いこんでいたのです。

「故郷を出る時、送別会までしてもらって出てきたので、今さら帰れない。どんなことでもしますから学舎の片隅にでも置いていただきたい」と願っても、沢村先生は「国に帰って出直してきなさい」の一点張り。さて、困った。神戸の町には誰一人知人はなく、途方に暮れてしまいました。ただ故郷を出る時一緒に神戸に行く友人がいて、この友人の知り合いの飲食店で前の晩一泊させてもらっただけの家に舞い戻って、その家の主人に事情を話します。その家の主人は、熱心な天理教の人だったそうですが、「何も心配することはない。仕事が見つかるまで家にいなさい」と言ってくれたのです。なんと、この家に10日間も居候をして、身の置き所もなくなったころ、三宮の表通りにある「笹部」という和洋家具の店を紹介されて、早速行って事情を話し、「今さら故郷に帰って出直すこともできませんので、9月までの間働かせていただきたい」というと、喜んで受け入れてくださったのです。目の前の紅海の水が2つに分かれて海の真ん中に道ができるのを見たモーセの心境だったでしょう。こうして神戸の三宮で和洋家具店の店員として働く傍ら、湊川伝道館などで礼拝や伝道の働きに参加して、いよいよ9月から聖書学舎に入学が許可され、神学校の学びが始まることになりました。神学校在学中に垂水教会の創設にかかわったり、その後、2回の応召で中国に出征する期間を経て、神戸、大阪の教会で終戦を迎え、戦後大分県の由布院で開拓伝道をし、由布院教会、東飯田教会（現・玖珠教会）、竹田教会の開拓、再建の働きをして1996年に召されます。献身をしてから63年の生涯でした。

父が母と結婚したのは1940年で、前述のとおり一緒の日に洗礼を受けてから11年目のことですが、その間に母はどのような信仰生活をしていたのか、母は結婚してわたしたち4人の子供を産み、父と共に神戸、大阪の教会で伝道者の妻として主に仕え、戦後、母の実家が持っていた大分県の由布院の土地が開拓伝道のためにささげられ、現在の由布院教会と聖愛保育園となりますが、開拓期の苦労を一身に負って、1957年8月にがんを患い、早く召されました。わたしが中学2年生の時で、比較的寡黙だった母からはどうして父と結婚し、牧師の妻になる決心をしたのか、断片的なことだけであまり深く知ることもなく過ごしていました。最近になって日本アライアンス教団の松山協同教会をお訪ねした時に、母にまつわるある事実を発見し驚きました。

母が洗礼を受けた時期に、アライアンス教団では松山で神学塾のようなものが開かれており、若い男女が伝道の熱意に燃えて熱心に学びと祈りの共同体が持たれていたとのことで、その時代の写真が残されていました。その写真を見ると、そこに母の若き日の姿が確かにあったのです。母は、ミス・フランシスや妹のデビンドルフ先生に愛されて、ある夏には先生たちに秘書のような形で軽井沢で過ごしたこともあるなどと言っていましたし、わたしたちの家にアメリカ製のベビーオルガンやクリスタルグラスの器や銀のスプーンのセットなど、貧しい牧師館には不似合いな物があって、それらはフランシス先生から結婚の時に送られたお祝いだと聞いていました。母もまた、秋山通明という男性と結婚する以前に、主からの呼び出しを受けて献身の志をもって牧師の妻になったことがはっきりしたのです。

わたしたちの兄弟4人は、兄・秋山英明は現在大阪南吹田教会牧師、2番目のわたしが上尾合同教会の牧師、上の妹・知花恵は沖縄の与勝教会の牧師・知花正勝の妻で保育園の園長、下の妹・今石牧子は広島の修道大学で教えている今石正人の妻で牛田教会の役員、広島いのちの電話の運営委員や高齢者のためのケアマネージャーとして、それぞれに主イエス・キリストにささげた生涯を送っています。わたしたちにとっては由布院の開拓伝道者の家庭に育ったこと、神以外の何ものにも頼る者のない無から有を生み出す福音伝道の中で育てられたことが大きな促しになって、そのような生涯へと導き出されました。

父や母のように初代の献身者の決意と目の前の壁を乗り越えてゆくヴァイタリティーはとてもまねのできないことだといつも思わされています。しかし、アブラハムの神はイサク、そしてヤコブをも呼び出して、それぞれの人生をさまざまな想定外のドラマを織り込んでご自身の民として伴い装ってくださることを、それぞれの生涯においても確かめることができます。

喜界島にて伝道者となる

日本基督教団隠退牧師
小久保達之佑

1　喜界島へ向かう

1959年4月、埼玉北部の農村出身の私は神学校（東京神学大学）を出て、奄美特別開拓伝道計画の1つ喜界島に赴任した。桑田秀延学長と日本基督教団伝道委員会島村亀鶴委員長（富士見町教会牧師）の承認によってである。卒業前、牧会学の教授から「招聘状を受け取ってから行くように」と言われていたが、それを待っていたけれど、来なかったので、それなしに私は出発した。予め教団伝道委員会にお願いし、また喜界教会に確認してからがよかったかも知れない。けれど、その時、私のうちに余裕がなかった。

途中、まず門司教会に寄るよう言われていたので——誰がいつ、それを指示したのだろう。なぜか私はそのことを知っていた。——門司に下り、教会へ寄った。本田清一牧師夫妻に迎えられ、翌朝、門司教会の早天祈祷会に来られた信者らの前で、九州教区総会議長の本田牧師から准允を受けた。その日のうちに鹿児島へ向かった。

鹿児島では北島敏之牧師（鹿児島教会）を訪ね、奄美行きの船が出るまで2泊くらいお邪魔したろうか。1400トンくらいの船に同級生の奨めで2等船客として乗船、名瀬に向かった。初めは錦江湾を静かに進んだ。夕食も出た。真夜中ころ、便を催したので便所に行って用を済ますと急に吐き出し、もう立つことができなくなった。それが何と数時間も続いた。船が外洋に出たのであろう。船が揺れ出したのである。しかし、何もできず吐き続けた。本当にお腹に何もなくなった。出るものがなくなっても立つことができず苦しみ続け、それが朝まで続いたのである。私は狭い場所で、ヨナのことを思った。これは私が誇ることのないための神の与えてくださったことであると心に収めた。私が2等船室に戻った時、船はすでに奄美本島の名瀬港の奥深い入り江に入っていた。それで波は静かだったのである。

港に着いて接岸すると、名瀬教会の雨宮恵牧師、瀬戸内教会（奄美本島南端の瀬戸内町古仁屋にある）の栄英彦牧師や信徒の方々が待っていた。栄牧師がバスで6時間も掛けて来たのは、先生しか私を知らなかったからと今になって気付いた。雨宮先生に紹介された時、先生が「船はどうでしたか」と問うたので、私は船酔いのことを話さず、あいまいにそらした。栄先生はすぐ帰らないとバスがなくなるので、帰った。私たちは教会へ行き、満代夫人とお子さんたちにお会いした。喜界島にいた5年の間、この満代夫人に私はどれ程お世話になったか計り知れない。一通り挨拶が済むと、私は先生に「吐き気がするから洗面器をお願いします」と話すと、先生はびっくりし、私を横に寝かせ、洗面器を用意してくださった。私は初めて自分がどんなにひどい船酔いをしたかを話した。結局、何も出ず、ちょっと横になっただけで、すぐ気分は快復した。

ここでも2泊くらいしたのは、喜界島へ行く船がなかったからだった。その間、雨宮先生は私を連れて、信徒たちに紹介する意味もあったろうが、私を連れ歩いた。それは私が喜界島から先生を訪ねる度に行われた。これにより、私は伝道と牧会の仕方を先生から教えられた思いがする。それは米国留学後、東北の田尻教会に赴任してから47年間、どんなに役立ったか知れない。ありがたかった。

　もう1つの逸話がある。それは私の失敗であるが、先生のお子さんには2人の女の子がいた。4歳と2歳くらいだった。牧子ちゃんと妹だった。時は4月、奄美は暖かだった。先生やお子さんたちと歩いていると、カタツムリが垣根の葉の裏にいるのが見えた。私はそれを取ると、子供たちに見せ、それを手に乗せたまま口まで持っていき、食べたかのようにして手を下ろした。牧子ちゃんたちはびっくり、私がそれを食べたと思ってしまった。そして父親の雨宮牧師に、「おじちゃんがデンデン虫を食べた」と興奮気味に言った。その半年後、名瀬を訪ねた時、牧子ちゃんは覚えていて、「デンデン虫を食べたおじちゃんが来た」と言って私を迎えた。私はそれ以降、子供にはうそをついてはいけないと心に決めた。日本では子供をびっくりさせようとして嚇したり、だましたりする傾向がある。これはこの国の文化の1つではあっても、決して福音的ではない。私はキリスト者として、このような文化に生まれ育ったけれど、それから離れるべきだと心から思った。

　いよいよ喜界島へ行く船があり、三島丸といって300トンの船だった。それが1959年当時、喜界へ行く船では一番大きかった。雨宮先生らに送られて出港し、2、3時間くらい掛かったか、人々が「島に着いた」という声が聞こえたので、船室から外を見ると、まだ海の真ん中のような所にいた。港ではなかったのである。そのうち、長さ30メートルくらいのはしけが来て、船客は我先に乗り移ろうとして、はしけが船と同じ高さに来るのを待って飛び移った。それはまことに危険に見えた。殊に着物姿の女性たちにとっては命がけといってよかった。島へ帰る人、訪ねる人、みな荷物を持って飛び越える。私は島に生きる人たちの苦労を思って同情した。全部で35人から40人くらい乗り移ったか。すると一杯になり、はしけはエンジンをふかして島へ向かった。私は残った人たちと2番目のはしけに、荷物と一緒に飛び乗った。まだ船には船客が残っていたが、私たちのはしけは動き出した。島に近づくと、岸に着くのでなく、小さい湾となっており、その入り口より少し進んで止まり、今度ははしけよりもっと小さい10メートルくらいのサンパンが来て、私たちは10人くらいが乗った。そしてコンクリートの斜めになった岸に乗り上がり、そこで飛び移って初めて陸に足をつけることができた。

2　喜界教会に着いた頃

空は紺碧で、少し離れた所に見えた樹は濃い緑の葉をつけていた。岸には喜界教会の主任牧師ご夫妻や信徒たち男女の方たちが待っておられ、私を迎えてくださった。主任牧師とは東神大に来たことがあり、顔を覚えていたのですぐ分かったが、教会の方たちの顔は日焼けし、満面に笑みを浮かべていた。みなさんの言っているのは島言葉だったので分からなかったが、興味を持った。私は赴任先が奄美と分かった時、典型的な表現として「あがりんそうれ」（上がり候らえ）、「さ、みそうれ」（茶を召し候らえ）とあるのを読んでおり、このことかと思った。

それからどう行ったか覚えていないが、4キロくらい西にある大朝戸（うぃんさとぅ＝上里を大朝戸と漢字で書いて「おおあさと」と読んだが、日常では「うぃんさとぅ」だった）にある教会へ着いた。そこは上里というように海岸周辺より高く、でこぼこ道を上った所だった。

喜界教会は板張りで、牧師館が手前にあり別棟となっていた。水は井戸より汲み上げタンクになっていたと記憶する。地元の人はウッカー（大川と呼び、湧き水の出る泉である）

から桶を頭に乗せ、家まで運ぶ。私の住む家は教会堂の向こうにあり、茅葺《かやぶき》の一間だけで、壁がコの字型にあり、そのうちの1つは半分くらいが壁だったかも知れない。もう1つは全部雨戸だった。小さな建物で確か机と椅子があった。しばらくして五右衛門風呂を勧められ、入ると、主任牧師も来た。ちょっと意外だった。私の体を調べるためだったのだろう。夕食は牧師夫人が用意した料理を3人で食べ、おいしかった。暗くなる前に自分の家（部屋）へ行った。夜は暗くなると電気がつき、11時（夏は夜中の12時）に消えることになっており、疲れたので早く床に就いた。私は南の島には蚊が多いだろうと思い、蚊帳を用意して行ったので、それを吊り、寝た。

何時頃だったか、私の首の上を走るものがあり、私は眠かったが、戦時中、小学6年の時、少年倶楽部で読んだジャングルで蛇に首を巻かれた話を思い出し、蛇だと嫌だなあと思い、枕元に用意していた懐中電灯を点けると、蚊帳の中をネズミが走っていたので、「何だ、これか」と、蚊帳を上げて逃がしてやった。後で思うと高校生のいたずらだったようだ。なぜなら、雨戸は確かに穴が開いており、もしネズミが家に入ったとしても、蚊帳の中に入ることはできなかったはずだからである。

教会の活動では、主日（当時は聖日と呼んでいた）礼拝と水曜日の聖書研究・祈祷会、その他、子供の教会学校が地域、集落毎にあり、集会数は全部で週に16回あった。それを最初の週、主任牧師が大きな紙に書いた「こども讃美歌」を持って連れ歩き、地域の集会所に集まった子供らに牧師が讃美歌を指導し、話をした。1日に2カ所の所もあった。次週は主任牧師が本土へ2カ月出掛けるので、1人で出掛けるようにとのことだった。実際は教会員が一緒に案内して歩いたので、迷うことなく目的地へ行くことができ、そこで讃美歌を一緒に歌い、聖書の話をし、帰って来た。行く道々で信徒の方たちと話をすることができ、これは有益だった。中でも小学校長をなさった衛守幸誉先生は体が弱い方だが、汗を拭きながら、「牧師先生が歩くだけで伝道です」と言われた。これは今日も通用する至言である。

3週間目になると、主任牧師は本土へ旅立った。このことは赴任前は全く聞いていなかったし予想していなかったので、2カ月も教会を空けるとは大変なことと思った。私の来るのを待っておられたに違いないが、もう遅かりし、である。留守の間、私は主日礼拝（喜界教会では大人の集まりはすべて夜に行われた）と祈祷会、教会学校を続け、各集落では子供の集まり――教会学校の分校と言っていたかも知れない――、また湾という集落では土曜日の夜、ある家の座敷をお借りして高校生のために英語聖書を学ぶ会をした。数人集まり、熱心で出来のいい生徒たちだった。その頃、神学校の同級生が月に1度、説教するよう言われ、大変だと言ってきたが、私は16回も話をしなければならなかった。これが神学校を出たばかりの者にはどんなに大変なことか、と手紙に書いたような気がする。

主任牧師が本土に行ってから1週間ほど経ってからだったろうか。いつものように夜の集会から帰り、荷物を置き、風呂をいただいてから戻ると、まだ電気は消えていなかったので電灯を点けると、白い座布団の上に何かあり、長い影が見えた。何だろうと影の本体を見ると、驚くことにそれはされこうべ（頭蓋骨）だった。軟骨のせいか鼻はなく、歯が大きく残っており、眼球はないので大きく穴となって開いていた。私はそれまでされこうべを見たことがないので、どう見ても気持ちのいいものではない。これは明らかに誰かのいたずらと思い、この連中をこらしめるためどこかにしまおうとまず新聞紙でくるみ、それから風呂敷で包んだ。するともう何でもなくなり、その晩は寝た。

その翌朝だったか、東京の大学で学んでいた学生が病気のため家に帰っており、訪ねて来た。その若者に、例のものを取り出して見せた。彼は「気味が悪い」と言って触ろうともしない。私は「これは価値あるものだから、東京へ持って帰り、東神大の教授に見せようと思う」と言った。彼はしばらく話して帰ったが地元では大騒ぎとなり、後で教会の長老が来て、「先生の所に大変なものが置いてあったと聞きました。私がなおし（仕舞い）ますから、いただきたい」と言ったが、私は若者に言ったと同じことを話し、返そうとはしなかった。――1988年秋、24年振りに私は喜界島を再訪したが、ある人から、あのされこうべはこの長老の家の墓から取り出したものと聞いた――そのうち、高校生の1人が私から英語を教えられたいと言ってきたので、彼が喜界高校に行く前、毎朝、一緒に英語を勉強した。親しくなったある日、彼が何食わぬ顔で「先生の所にされこうべがあると聞いたので、自分が返して来ましょう」と話を出したので、つい私もそれに乗り渡してしまった。4年くらいして、彼が大学に行っていた時、別の人から、それをしたのは彼を含めた高校生男子だったと聞いて、後の祭りだった。彼らに「そのようなことをしてはよくない。君らはもっとなすべきことがある。島を前進させるべきではないか」と反省させる機会を失ってしまった。

もう1つある。それは6月のある水曜日、聖書研究・祈祷会の時、祈っていると、女子高生が「キャーッ」と声を上げた。祈りは一時中止となった。すると長老の1人が蛇のしっぽを持って吊り下げた。その時、高校生たちが走り去るのが聞こえた。これで3回目のいたずらである。7月になってから主任牧師が本土より帰り、夏には東京のキリスト教女子大から2人の学生が喜界島に教会を訪ねて来た。

3　湾に移る

8月の終わりになると、最初の1年は大朝戸におり、島の伝道が分かってから湾に移ると言っていた主任牧師が急に湾に引っ越すよう私に求め、私は間借りを始めた。自炊である。ここへ来て私は時間ができた。週16回の集まりで話すのは無理である。湾では礼拝は信徒宅で、子供会（教会学校）は2、3カ所、高校生会が土曜日の夜、ある個人宅で行われ、ようやく余裕が取れた。私が最初手にしたのは『キリスト教社会行動』（キリスト教社会倫理の授業に使った教科書で、フランクリン教授の著作）を英語で読み出した。喜界で読んだ最初の神学書である。大学院1年の時学んだのであるが、1章を自分で読むと重要なことが書かれていることが分かり、腰を据えて取り組まねばならぬことを知った。1章だけでも何回読み返したことか。もう相談する友もいない。自分で理解しなければ誰も助けてくれない。当然だが、それを知った。当時の私は実に幼稚だった。それでも、そこから私は始めたのだ。5章まで進み、また繰り返し、さらに9章か10章まで進んだ。これで私はキリスト教社会倫理には「義と愛」が根底にあると理解した。このことはその後の伝道と牧会の基礎にずっとある。

10月になると、鹿児島からグレン・ブラガーズ宣教師（米国改革派教会）が就航したばかりの飛行機で来島した。教会のみならず、高校を始め中学小学校をいくつも訪ねた。主任牧師が案内し、生徒には英語で話し、私が通訳した。もちろん教会の集まりでも話し、集落（シマと呼ぶ）をも回った。それから名瀬へ船で行ったが、主任牧師は来ず、私が同行した。私は赴任して初めて名瀬へ渡ったのであるが、半年前は小さな名瀬市が大きく見えたのには驚いた。雨宮牧師が信徒らと共に迎えてくださり、ここでも教会だけでなく、特に奄美で最高の大島高校を訪ね、学校側が、放課後なら生徒に話してよいと言うので、ある教室を借りて30人くらいの生徒らに向かってブラガーズ先生は話をした。私は前日、高校生には「今日の若者の責任」という題で話してほしいと要請しており、先生は用意した通りしっかりした口調で話し出した。「若者はまず自分に対し、親に対し、社会・国家・世界に対し、最後に神に対し、責任がある」と。生徒らは真剣に聞き入った。しかも、生徒がだんだん増えて廊下に立つ者もいた。そろそろ暗くなる頃、教師らも部屋を覗き、立ったまま耳を傾けた。しまいには校長先生まで来られた。話が終わって質問となると、何と次々と生徒が問うた。先生も誠意を込めて話したので、それを忠実に通訳した。終わると生徒が自然発生的に拍手をした。校長先生は、職員会議があり遅くなったと詫びた。

古仁屋にもバスで6時間掛けて行った。私にとっても初めてである。道路は山道であり、曲がりくねって1回では曲がれず、1度バスを戻して曲がるような所もあった。その時は道路が乾いていたからよかったが、翌年には6月の雨だったので少し崩れ、乗客は降りてバスが戻ってから曲がれるようにした。その時同行した別の宣教師はバスを降りて後輪を見たら、ある部分は道を外れていたと私に話した。家族を本土に残し、バスが崖から落ちたら大変なことになると思ったのであろう。当時はそのような道路事情だったのである。瀬戸内教会では、栄英彦牧師と潤子牧師夫妻がブラガーズ先生を迎えてくださった。栄牧師夫妻は東京神学大学時代から上級生・同級生の関係であり、会った時はなつかしかった。そこでも同じように教会のみならず学校や地域を訪ねた。帰りは古仁屋から船で名瀬に向かい、先生はそのまま鹿児島へ行き、私は雨宮牧師宅に1泊し、喜界島へ帰った。

話は遡るが、「雨は月に40日降る」と出発前読んでいたが、それ程ではなかったにせよ、雨季が5月半ばには始まっており、6月下旬、本当に降った。私は興味津々で高い所から海を見渡すと、湾の方では海が茶色に染まっていた。それを見て、この地は痩せていると思った。土地の養分がみな海に流れてしまうのである。案の定、ハンスーと呼ばれるサツマイモは細かった。

11月終わりに近く台風22号が来て、樹木の葉を落としてしまった。12月になると葉の落ちた樹（ガジュマルという）から葉が出たのを見て、私は全く予期しなかったので、急に寒い冬がほしくなった。クリスマスを何とか終え、1960年になってから私は関東へ帰ってみたいと主任牧師に申し出、実行した。名瀬経由、鹿児島行きの船に乗った。

東京に着いて、まず埼玉へ向かった。母に会うためである。1晩泊まって上京、同級生宅に泊めてもらい、三鷹の東京神学大へ行った。そこが私を育てた場所だったからである。

寮に泊まり、桑田学長やそのほかの教授らと会って、奄美のことを報告した。1週間くらいして私は奄美へ帰った。3月に東神大で研修会があり、私は招待され再び上京、研修会に出て帰島した。

4 わが神学的目覚め

この後、私は島で何をすべきかを新たに真剣に求めた。もう後に戻れない、後ろを振り向かない思いである。喜界高校の図書館に行き、たまたま世界文学全集の中にドストエフスキーの『罪と罰』に目が止まり、それを借りた。この本の後ろに『白夜』という短編があり、まずそれを読んだ。ドストエフスキーは読みにくいと思い込んでいたのだが、「これなら私にも読める」と思い、続けて『罪と罰』を一気に読了した。ラスコーリニコフという貧乏学生が質屋の女主人を憎しみのあまり殺害し、完全犯罪的に済まそうとしたが、ついに自分から告白し、刑に服した話である。私は自分の時間をすべてこのために用い、27時間くらい掛けて読み上げた。夜は電気がないから寝たが、それ以外は食事作りを除き、読書にふけった。これほど集中して本を読んだことはなかった。私の結論はこうだ。「ドストエフスキーが狂気なら、私も喜んで狂気であると認めよう。しかし不安定な私ではあるが、その不安定の中から考えても、ドストエフスキーは狂気ではない。それなら私も狂気ではない」との確信である。私は狂気になることを恐れていた。神学校を出た者が遠い離島に来たからとて正常さを失ってはとても伝道にならない、神の栄光を現さない、私を育てた母にもすまないと思ったからである。ドストエフスキーは私を勇気付けた。

それから私は初めて神学と取り組もうとし、心を向けた。先のフランクリン教授の『キリスト教社会行動』に続くが、今度は熊野義孝教授の『教義学』1巻である。その中には独語、ラテン語が頻繁に引用される。それを無視せず、みな目を通し、読み終わった。その時の驚き、また喜びは格別だった。孤独は解消した。神学の世界は私を虜《とりこ》にした。私はすぐ熊野教授の『教義学』2巻を手に取った。これも私の眼を開かせた。それまで私は神学を回避してきた弱虫の人間だった。それを神は喜界島にて気付かせ、私を1人の伝道者として立てようとされたのである。

なお神学的思考は、その頃手にした桑田秀延学長の『基督教神学概論』に助けられた。神学は教会の反省的学問であると知らされたのである。それまで「反省」が何であるかも知っていなかった。ここにおいて初めて神学を志向することにより、反省を理解した。これは私にとって大いなることであった。もうそれから先は前に進むだけだった。信仰の知的作業である。教会の集まりも各集落での子供会も、また子供らが学校から帰って集落の広場で一緒に遊ぶことも、みな福音の前進のためのものとなった。特に子供とボール遊びを大の男がするのは異様だったかも知れないが――それを意識はした――私は子供を大事にした。

秋に結婚の話が船水衛司教授から出、私はその翌1961年4月8日、上野佳子と、富士見町教会で島村亀鶴牧師の司式により、結婚した。喜界島に連れて帰ったが、すでに暑くなっており、妻はその気候に慣れることから始まり、食事作りや教会の関係者のみならず島の人たちに慣れるなど、容易でなかった。その上、大学院1年を終えて卒業せず結婚し、すぐ妊娠したので大きな変化だったためであろう、つわりがひどかった。

牧師館作りも進めた。喜界教会長老の1人西元《はじめ》氏が設計し、大工は長老の知っている富山林次郎氏に頼み、30万円で仕上げた。資金は主任牧師が2年掛けて本土で募金したものに、私が友人知人らに訴え、送られたものが多かった。特に神学生時代、カナダの引退農民のカクラン氏が200ドル（7万2000円、カナダドルは米ドルよりも高く、それ以上だった）送ってくださった。6畳2間、台所、書斎、廊下、玄関の家が7月半ばにはできあがった。その月の下旬、高校生の修養会があり、鹿児島から婦人宣教師マージ・メーヤー先生が来られて、奄美大島からも高校生が来たので布団が足りず、先生と家内は廊下にせいぜい毛布か敷布だけで寝たはずである。秋にはそれまでになかった台風が来て、近くの一家族が避難して来て、玄関のガラス戸が外れないように子供の母親と家内がおさえて破れるのを防いだ。子供が生まれるので、12月、それに備えて井戸替えをした。深く掘り、井戸側をなおし、ポンプとした。これには米国のミシガンで高校の校長をした方が150ドル（5万4000円）送ってくださったので間に合った。なお、それまでは井戸が浅く、井戸側は白い石を積み上げ、荒縄にバケツを下げ汲み上げた。引き潮になると井戸水がなくなり、空っぽで水が汲めず、満潮になるのを待たざるを得なかった。

クリスマスも済み、12月30日、妻は具合が悪く1日床に横になっていた。その前日、産婆さんが来て、「お腹が小さいので赤ちゃんが生まれるのは予定（1月14日）より遅くなり、2月になるかも知れない」と言うので、何の用意もせず、私が夕食を作り、食べて寝た。夜、目が覚めると、ろうそくが2本障子のそばに立ててあり、灯《とも》されていた。私は「危ないではないか」と叱るように言うと、妻の佳子はそれまでにない調子で、私にろうそく立てを作ってほしいと強硬に言う。私は反対せず従順に、暗闇の中で手探りに板と釘と金槌を取り出し、それでろうそく立てを作った。1時間すると起きて服を着、そばに坐った。陣痛だと言っていたが、それで出産が近いとは考えられなかった。佳子が「うッ」と言うので、隣りの永田さん（警察官の奥さん）を呼びに行き、よしえちゃん（4歳）を連れて来てくださり、私は産婆さんの家まで自転車で走った。とんとんとガラス戸を軽く叩くと時計が4つ鳴り、4時と分かった。それから江畑さんという助産婦はバイクで来た。永田夫人は帰り、私はすぐお湯を沸かした。幸い、大きな洗濯たらいだけは用意してあったので、それを座敷に広げた。私は石油コンロでお湯を沸かした。

冬は朝暗いので、明るくなるまで電灯が点《つ》く。私は電気の点くのを心待ちにしたが、5時になっても点かないように感じ心配したが、多分少し遅れて点いた。助産婦の江畑さんは妻を「女の務めだ！」と言って励まし、5時36分に子供が生まれた。オギャーと大きな声で泣くことなく、えーッと微かに聞こえるくらいであった。それでも江畑さんは男の子だと言って赤ちゃんをお湯で洗い、産着を着せた。私は妻の出産に立ち会い、「産みの苦しみ」も間近に見て「夫婦は一体である」と理解した。それから、初乳を飲ませるとかいろいろ続いたが、とにかく家族ができた。名前を付けるに当たり、主任牧師が私の「達」を使ったので、「達信」とした。私はアブラハムとしたかったが、実際、生まれると佳子は反対したので、私はアブラハムの信仰を採用したのである。達信は1961年12月31日が誕生日である。

妻は乳がよく出ないので苦労した。学生から結婚、東北地方出身者が初めて亜熱帯地方に住み、つわりも続き、なかなか食べられない。そういうこともあったのであろう、息子は生まれた時、2500グラム以下だった。天秤棒の計りで660匁《もんめ》と出たので計算したら、未熟児とされる2475グラムだったように記憶する。粉乳を買わなければならなかったが、2つの会社のものを求めたところ、2つとも変質というか、缶を開けるともう粒状になっており、本社に問い合わせたり、上京する機会があり本社を訪ね取り換えてもらったが、持ち帰ってそれを使う間はよいとしても、次に本社から取り寄せても状況は同じだった。苦労は続いた。

5　留学のため離島

留学は私にとって当然のことだった。弟は日本航空から米国に派遣されていたし、兄は海上自衛隊の将校として、これも米国へ留学した。私が一番遅くなったのである。東神大の卒業生の中には、これも留学を当然のこととした上級生がいた。１９６２年秋、東神大時代からの親友・金君植くんがドイツへの留学試験を受けないか、と言ってきた。私は主任牧師が教団総会に行っていたので、帰島するまで待ち、相談した。すると、「あと２年待て。そしたら何をしてもよい」と言われたので、あきらめた。４、５日して、主任牧師が訪ねて来て言うには、在京中、伝道委員長と伝道委幹事と３人で会った時、私のことが話に出、隣りの島へ転任することで一致したと言った。それを聞いて、私はもう喜界島にいなくていいと解釈し、次の留学の機会には迷わず応じることにした。翌１９６３年１月、教団新報に米国留学募集の公告が載った。私はそれに応募したのである。東神大学長と教区長の推薦状が必要だったのでお願いしたところ、すぐ出してくださった。

１９６３年3月16日に女児が生まれた。名前は男児だったら伊作としたかった。長男が生まれた時、東神大の桑田学長がそう言ってくださったからである。しかし、冬は飛行機すら順調に飛ばない（鹿児島から喜界島までは7人乗りのセスナが往来した。奄美では喜界島だけ、さんごの石を敷き詰めた滑走路があったのである）。それで速達便が遅れ、命名には間に合わなかった。しかし、2人目は女児だったので苦心して、結局、イサクの妻の「リベカ」とした。元気な子であった。その時は長男を背に負い、妻の枕辺に坐り、両手を持って力を入れ、助産婦の江畑さんの助けで生まれたのであった。

留学試験は私の場合、福岡だった。リベカが生まれて3日目、鹿児島へ行こうとしたら、船が出ない。船が出れば名瀬まで行き、その晩、大きな船で鹿児島へ、そして翌朝、福岡へ行ったはずである。けれど船が出ない。電報で連絡すると翌日でもよいとのことで、飛行機にした。しかし雷のため、急行列車が遅れた。それを確か列車から電報を打った。真夜中に着き、予めお願いしていた東神大時代の上級生宅（会場の福岡女学院構内にある）に泊めていただいた。翌朝は日曜日だったか春分の日で休みだった。朝、構内を散歩したら、顔見知りの婦人宣教師とたまたま会い、昨夜遅く着いた旨を話し、早速試験を受けることになった。試験そのものは3、4時間くらい続いたか。1つの部屋に入り、試験用紙が渡され、鉛筆を4、5本預り解答を書き始めた。産後の手伝いで力を入れていたので、鉛筆の芯が折れる。それでも書き続け、またテープで答えるものもあり、全部終わった時は鉛筆も全部使えなくなっており、やっと間に合った。5月頃面接試験があり、上京した。九州から私だけが受かったのだろう。なお私の成績は圧倒的によかった。私は喜界島でも英語・ドイツ語・ギリシャ語は続けたのである。ヘブライ語まではなかなか手が回らなかった。面接ではダーリー・ダウンズ宣教師が担当したが、すでに先生は喜界島にお出でになったことがあり、島の子供たち（小中高生）に話をなさる時、英語でし、私が通訳をした。喜界島だけでなく奄美大島でもそうしたので、先生は覚えておられたか知れない。だから面接でも、ただ普通の話をされた。試験が終わってから、私は東神大にフランクリン先生を訪ね、留学試験を受けたことを報告した。すると先生はすぐどこかに電話し、私が合格したことを言ってくださった。だから、喜界島に戻った時には留学が分かっていた。

夏に、日本に3年、短期宣教師として来られた若い2人の女教師が来島、この時も通訳として喜界島と本島を案内した。その後、主任牧師から、東京のある教会から3人の長老が来島すると聞いた。それは牧師招聘のためであった。主任牧師はすぐ応じたようで、その人たちが帰京すると、私に留学が決まっているのだから島を離れ、準備をしたらよいと強く勧めた。けれど、私は牧師を休職すれば生活できない。島に留まることにした。主任牧師は10月頃島を出た。後任は決まらず、11月末にその教会の副牧師が派遣されて来た。私たちの2人の子供はその先生から12月初め、洗礼を受けた。

私たちは3月初め、今度こそ留学のため島を出ることにした。というのは、ほかに留学する2人の牧師は英語の勉強をすでに1月から日米会話学院で行っていることを知らされたからである。そこでの授業は難しいと同級生の友は言ってきたので、4月からは授業に参加しなければならないと思ったのである。教会の方たちや島の方たちと別れたくなかった。私は家族を島において留学するつもりだった。けれどある牧師が、家族を置いて行ってはいけないと強く言うので、島を離れざるを得なかった。しかも行く所がないので、埼玉の母の所に世話になることにした。3月末、日米会話学院で試験を受け、4月からの入学となった。けれど通うことはできがたいので、知人で父親が喜界島出身の方の家に世話になり、末の息子の勉強を助けながら、日米会話学院で自分の勉強を続けた。あまり私が授業中、発言(質問)するので、2週過ぎると、組主任が初級から中級に進ませた。私は図書館(そこはすべて英語の書物)で哲学入門を見つけ読み、次にロバート・ペインの『ドストエフスキーの肖像』と英国人外交官ジョージ・サンソムの『日本史』1巻と2巻を読んだ。3巻を待ったが、とうとう図書館に入らず、後で知ったのは著者の死後、弟子らがそのノートを参考に書き加えたとして出版されたのである。楽しい2カ月だった。それから3番目の娘が1964年6月22日、埼玉の羽生で生まれた。私たちは島を出る前から名前は決めており、「なおみ」とした。その1カ月後、7月21日、私は妻と3人の子供たちと福祉法人愛の泉の空いた部屋に過ごすため引っ越した。私はその翌日米国に向けて出発した。

救いと献身の恵み

日本基督教団北九州復興教会牧師
久多良木和夫

私は、大分県大分市（以前は大分郡）野津原町というところで生まれました。父は中学校の数学の教師でした。その関係で、子ども時代、何度か引っ越しました。私が物心ついて育った地は日田市というところです。両親と姉と私の4人家族で小学校前から高校卒業までは、そこで過ごしました。

高校を卒業するまでは、キリスト教と出会う機会もありませんでした。日田にもキリスト教会は幾つかあったのですが、直接行ったり見たりする機会は全くありませんでした。

中学3年生の5月だったでしょうか。ある日、学校で午前中から黒板の字が見づらくなり、夕方すぐ眼科医院に行って調べてもらいましたら、右眼の眼底の血管から大出血を起こしていますということで、次の日から休学となりました。突然の出来事で、すぐには何が起こったのか意味がわかりませんでした。学校には行けなくなりました。家で安静にしていなければならなくなったこと、この眼底出血のために、よく見えなくなった右眼は治るのだろうか、原因は何なのだろうかと思い巡らしていました。紹介状を持って大学病院にも詳しい検査のために行きましたが、原因はわかりませんでした。

数カ月、自分だけは学校にも行けず、取り残されたような深い寂しさを味わっていました。この右眼は治るのだろうか、治らないかもしれない。それだけでなく、どうもない左眼も同じようになるかもしれない、そうなったら、本を読むこともテレビを見ることもできなくなってしまう。そうなったら大変だと子ども心に考え、大きな不安を抱いていました。

休学期間を経て、2学期からは学校に行き始めましたが、激しい運動はしてはいけないということで、体育の時間は見学でした。

高校に通うようになり、眼底出血からちょうど1年ほどして、両親も一緒に来るようにと言われ、共に行きました。そこで告げられたことは、網膜剝離を起こしていて視神経もダメになっているので治る見込みはないということでした。治療は打ち切ることになりました。

高校時代は勉強に打ち込み、大学を目指す日々でした。しかし、見えなくなった右眼だけでなく、時々良い方の左眼も眼圧が上がり、眼の奥が痛く感じ、夜、勉強に集中できないことも度々ありました。

大学受験を失敗し、親元を離れ、福岡市の予備校に通うことになりました。1年間大学を目指す日々を過ごしました。ふと考えたことは、もし大学に入ることができたなら、そこでの勉強と共に、勉強以外の何かをしたいという思いでした。

大学に入る道が開かれ、教養の期間、1、2年生のときは硬式テニス部に入り、汗を流したり、定期の試験が終わると同級生たちと打ち上げの食事会、飲み会をしたり、ダンパ（ダンスパーティー）に行ったりと自由に過ごしました。高校時代とは全く変わって自由な生活、とても楽しい日々でした。ところが、楽しくて仕方ないはずなのに、なぜか心に満たされないものがありました。

大学に入って、1つ続けてやっていたことは、毎日の日記付けでした。その日の出来事を記すこと、その日の自分の行動を細かくチェックし、どうしたらもっとよくできるのかといったかなり神経質な内容でした。それと共に、自分を支えてくれる言葉、文章を求めて、生きるヒントとなるような言葉を探し求め、いろいろな本からそれを見つけるとそれを書き写す、そのような作業に毎日かなり時間を費やしていました。

今振り返ると、青年期の中にあって、自分の不確かさ、人生の不安を抱え、何か確かなものを摑みたいという切なる思いに突き動かされていたように思います。それは、中学、高校時代の突然の出来事と不安との日々を経験し、私の内に芽生えた求めだったのだと思います。

大学では、同学年に1人、1学年上に1人、クリスチャンがいました。その2人は、学内でイエス・キリストの救いの福音を学友に伝えたいという願いの下で、聖書研究会を立ち上げていました。私は誘われて、そこにも時々参加するようになりました。聖書に初めて出会いました。2人のクリスチャンの友と出会うことができたことは大きな感謝です。

大学2年生の秋から、彼らが毎週日曜日に通う日本基督教団宮崎清水町教会の礼拝に参加するようになりました。当時、同じ世代の青年がたくさん通ってきていました。

2年生の終わりの春休み3月に、九州KGK（キリスト者学生会）の春期学校が熊本の天草にて2泊3日で開かれるというので、初めて参加しました。全部で60名くらいは参加していたように思います。そこで、関西から応援に来られていた片岡伸光という主事に出会いました。自分自身のキリスト教信仰に対する疑問や不安を語ることができました。

私自身は、聖書の記事の中の主イエスの奇跡の業を読み、自分もそのような奇跡を見たら神を信じてもよいが、そのような奇跡をどこで見ることができるのか、自分自身が驚くような奇跡を見るまでは神を信じることはできないと考えるようになり、そのことを話しました。すると片岡主事は、聖書にこう記されているよと、ヨハネによる福音書1章18節「神を見た者はまだひとりもいない。ただ父のふところにいるひとり子なる神だけが、神をあらわしたのである」（口語訳）を教えてくださいました。「私たち人間は、ただイエス・キリストを通してのみ神を見ることができるのだよ」と教えてくださいました。主事は、長い時間をかけいろいろと話を聞いてくださり、キリスト教信仰の救いの恵みに飛び込むことの大切さを熱心に語ってくださいました。その時間の中で、自分がいかに傲慢であるか、外側は立派そうにしているが内側はいかに惨めであるか、自分自身の罪に光が当てられた思いがしました。２日目の夕べの集会のときに、イエス様の十字架は人間の罪を赦すための身代わりの出来事であったことがわかりました。主イエスは私の罪を背負い十字架に架かってくださったのだと、心にわかり、「今晩イエス様を信じます」と手をあげ応答しました。

大学３年になって５月のペンテコステの日に洗礼を受け、クリスチャンとなりました。私のうちに大きな平安が与えられました。

小学校高学年だったか中学生になった頃だったかある期間、人は死んだらどうなるのだろう、どこに行ってしまうのだろうということをよく考えていました。いくら考えてもわかりません。あるとき、ふと思ったことは、人は死んだら火葬され、今考えているこの脳も灰となってしまう。そうしたら何も考えられなくなる、自分という存在が消滅してしまうということでした。とても恐ろしい思いになりました。その思いに至り、これ以上考えることはやめようと思いました。そして、その問いに対して思いめぐらすことは封印しました。

人の命には必ず最後の時がやってくる、それを迎える準備は果たしてできるのかという漠とした不安をもっていた自分でしたが、主イエスを信じた後からは、不思議に大きな平安に包まれました。神がすべてを支配しておられること、イエス・キリストの復活の恵みが主を信じる者に与えられること、そのことを心にとめて歩む者の幸いをいただきました。

私自身は、医学部医学科に籍を置いていました。最終学年の6年生のとき、卒業後医者になる道と牧師になる道の前に揺れ動く思いを抱いていました。この福音に出会い、大いなる平安をいただき、天国の命を約束され、大きな感謝をいただいていました。これで、もう何も恐れることなく、すべてを保証され、あとは自分のやりたいことだけをやればよいというのでは申し訳ない、という思いでいっぱいになりました。ローマ人への手紙12章1節「兄弟たちよ。そういうわけで、神のあわれみによってあなたがたに勧める。あなたがたのからだを、神に喜ばれる、生きた、聖なる供え物としてささげなさい。それが、あなたがたのなすべき霊的な礼拝である」を強く心にとめるようになりました。

この御言葉に応答して、卒業後、すぐ神学校に行くことを決めました。その当時未信者だった両親はとても驚き、悲しみました。でも最終的には黙認してくれました。両親はどれだけ心を痛めたことでしょう。

自分が初めて導かれ洗礼を受けた宮崎清水町教会が所属しているホーリネスの群の神学校である東京聖書学校に行くことになりました。４年間の神学校生活を終え、最初の教会である小見川教会に遣わされ、３年目に結婚しました。妻も同じ神学校を出た献身者です。私も妻も家族の中では１代目のクリスチャンです。

両親は、私が献身して、医者の道ではなく牧師の道を選びますと表明してから14年後の１９９５年12月のクリスマス礼拝のときに、当時の赴任教会の都農教会にて洗礼を受けました。主の大きな憐れみであったことを思い、感謝しています。

義母も、都農在任３年目の１９９０年４月のイースターの日に主イエスを救い主と信じ、洗礼を受けクリスチャンとなりました。義父も、今年２０１６年７月、病床洗礼を受け、クリスチャンとなりました。それから３週間後に平安の内に天の御国に召されていきました。

主は、それぞれの両親をも主イエスにある永遠の命に導き入れてくださいました。ハレルヤ！　主をほめたたえ心より感謝いたします。

放蕩息子、父の許に帰る

サンライズクリスチャンセンターみさと吉川教会牧師
金子辰己雄

1　父との確執

私は1952年3月、東京の板橋で2人姉弟の長男として生まれました。私の脳裏には、幼い頃、何故か家の母の姿よりも父の姿の方が多く思い出される。それはどうしてかと考えると、母は幼少時に患った小児麻痺のために体が不自由だったこと、また、母の母親（祖母）がひとり親で長唄の師匠をし、母の世話は内弟子任せで、普通ならば母親から家事を習うところを、それも叶わずに父と結婚したため、結婚後も父が母に代わって台所に立つことが多かったためではなかろうかと思う。ただここで母の名誉のために弁護しておくと、私が物心ついた頃には、買い物、料理、掃除や洗濯など、私たちの身の回りのことは、母なりにきちんとしていたことを付け加えておきたいと思う。

こういう環境で私たち姉弟は育ち、一見すると面倒見の良い父親と、体は不自由だが精一杯働く母親の下でそれなりに幸せな時代を送ったように思えるかもしれないが、実際はそうではなく、心休まる時のない嵐のような家庭であった。というのは、父はお酒が入らなければ良かったが、一旦お酒が入ると、それも何かがあると、止まるところなく飲み続け、母や私たち姉弟に手を上げ、一晩中形相を変えて大声を出し、果ては潰れて寝てしまうか、朝まで飲み続け、結局仕事にも行かずに、後始末は母や私たちが行なうというような家庭であった。また、あまりに荒れ狂うと、小さい私たち姉弟は縁の下に隠れたり、母共々に隣の家に匿ってもらったりと、隣近所に頭の上がらない生活を送っていた。

そういう中で子供時代を過ごしたので、私は早く父の許を離れることだけを考えるようになり、中学を出て、折角入った高専も3年で中退し（このことも父にはさらに面白くないこととなり、父との確執が深まった）、幾つかのアルバイトの後、18歳で経師屋に住み込みで働き始めた。しかし、それは1年しか続かず、家に戻って呻吟する中、活路を求めて19

歳で自衛隊に入隊した。そして2年1任期を終え、60万円ほどの退職金と貯金40万円、合わせて100万円ほどのお金を元手に、入隊した後に夢が与えられたカナダに、表向きは英語を学ぶという理由で、1973年9月、1年間のオープンチケットを持って羽田から旅立った。

2　異端との出会い

初めての海外旅行であったが、無事に目的地であったカナダのトロントに着いた。当時カナダは移住者に対して門戸が比較的緩く、観光ビザで入国しても、長期滞在をすれば永住権を取得することができるという話があり、それを狙ってカナダに渡る人たちが結構いた。またトロントはカナダ第一の都市で、都合の良い働き口が比較的見つかりやすい場所だったため、あわよくば私もそんなことをしながら暮らすことができるのではないかと、都合よく考えたわけである。私にはただ日本を長く離れることができればいいという程度の思いしかなかった。

トロントに着いて先ずしたことは、部屋探しと語学学校への登録手続きで、実際には語学は日常会話には困らない程度の自信はあったので、学校に行かなければならないという絶対的な必要はなかったが、人との交わりや退屈しのぎに行くことにし、移住者対象の無料の語学学校に入学させてもらった。

そんなある日、街の交差点近くで人々に冊子を配っている若者たちの姿を見かけた。彼らは道路を往来する人たちとは違い、何かしら嬉々としている様子で、一体彼らは何なのだろうと彼らの差し出す冊子を受け取って読んでみると、興味深く神様のことについて書いてあり、ページの終わりに“Children of God”という彼らのグループ名と連絡先が印刷されていた。私は暫く部屋の机の引き出しの中にしまっておいたが、どうにも気になって連絡すると、週末にパーティーがあるのを知り、そこに訪れた。彼らに笑顔とハグで迎えられ、楽しい時を過ごした。その後も、私は同年齢の若者たちとの交わりを求めて毎週のように通い、1カ月も過ぎる頃になると、彼らの誘いもあり、借りていた部屋を引き払い、彼らが共同生活をしている家（「コロニー」と呼ばれていた）に住むことになった。

ここで、彼らのことに触れておく。当時私は知らなかったが、彼らはキリスト教の異端で、1968年、アメリカ・カリフォルニア州ハンチントンビーチのコーヒーハウスから、

David Brandt Bergにより、社会からドロップアウトした若者たちを集め、真の神の共同体を作るという名目で活動を始めたグループである。元々、David Bergはアリゾナ州内の正統的教会の牧師であったが、31歳の時、属していた団体の分裂騒動で、彼は既成教会に嫌気がさし、その団体を出て、家族と一緒にハンチントンビーチに移り、ちょうど当時活発だったジーザス・ムーブメント（カリフォルニア州コスタメサにあるカルバリー・チャペルはその中で成長していった教会の1つ）に似せて若者たちを集めていた。ただ、彼らは異端に共通しているように、Bergは自分を唯一の神の代弁者とし、彼に従う者たちを「神の家族」として共同生活の中で社会から隔離させ、唯一社会との接点は、私が街角で見かけた金銭を得る目的の冊子伝道だけであった。

私は以前からコミューン生活に憧れていたので、真正な聖書信仰はなかったが、見かけのライフスタイルに惹かれ、彼らと共に冊子伝道に明け暮れた。彼らとの暮らしは延べ8カ月に及び、その間、モントリオール、国境を越えてニューヨーク州のトロイへと移り、トロイでは彼らの冊子印刷所でカメラと現像の仕事をした。そして1974年6月、当時すでに日本にもコロニーがあったので、そこに行くという理由で彼らのもとを出た。彼らと暮らす中で、彼らが異端だという認識はなかったが、正統でもないという意識はいつも働いていて、完全に傾倒し切らなかったことは神様の守りであったと言える。今、主の守りに感謝するばかりである。また、非常に都合の良い話だが、何よりも一番助かったことは、その間、生活費が一切掛からず、滞在ビザも彼らがどのように行なったか不明だが、カナダとアメリカで一度ずつ、計6カ月の延長をすることができ、不法滞在にならずに済んだことである。そういうわけで、私は彼らとの共同生活から離れ、その後アメリカ各地を、持っていたチケットの期限ギリギリまで旅を続けた。そして1974年8月、1年以上の長期の旅はできなかったが、日本に戻ったのである。

3　イエス様との出会いと父の許への帰還

日本に戻ってからが大変だった。父との関係だけではなく、社会に組み込まれることから逃げ回っていた私は、どう生きて行けば良いか分からず、ノイローゼのような状態になってしまった。そんなとき、以前、父の勧めで働いたことのある会社の知り合いから、会社を興したので働かないかという声が掛かり、そこで働き始めた。それが25歳の時。それまでは会社員生活をすることなど自分では想像できなかったのに、何故かこの時以来、水を得た魚のように仕事に没頭する生活が始まり、それが生き甲斐になった。時はバブルの時であり、会社の業績も上がり、それなりの給与も得て、アフターファイブも楽しく過ごした。

そんなある日のこと、１９８６年1月2日、昔の友人宅で開かれた新年会に行った。そこには友人と一緒に暮らす相手もいた。その2人を見ていて、自分にはあのような満ち足りたものがなく、何と寂しいことかと、真っ直ぐ家に帰る気にもなれず、虚しさを満たすため、その夜、財布の底が空になるまで散財した。翌日昼過ぎに家で目覚めると、前日の新年会で感じた虚しさに加え、散財し尽くした自分にも虚しさを覚えて、それまで感じたことがないどん底感に陥った。そんな中、朦朧と救いを求め、何度か除夜を迎えるために行ったことのある浅草寺（当時住んでいた「北越谷」からは東武線で1本であった）に向かった。するとそこで、「神は愛です」というメッセージを書いたプラカードを持ち、寒風の中を立っている数人の人々と、ハンドマイクを使って「神の愛と悔い改め」を説く人たちを見た。彼らは、後に分かったことだが、宮城県に本拠を置く「聖書配布協力会」の人たちであった。

それを見た私は、何故か彼らのメッセージは自分に語られていると感じ、心が揺さぶられ、すぐに家に戻って、家にあった聖書と、以前どこで手に入れたのか定かでないが、英語版“Power For Living”（2007年に、日本でも日本語版が配布されて話題になった）を読み始めた。3日間読み続け、ついに1月5日（日）の夜、本の最終ページにやって来た。そこには「救いを受け入れる祈り」が記されていて、私は本の中で、既に自分の虚しさは自己中心の罪から来ており、その虚しさから救われるためにはイエス様を信じなければならないと分かったので、その祈りを祈ろうと思い、その最初の言葉を出そうとした時、私はその言葉を口から発することができなかった。それは、そこに「天のお父様」とあったからである。私は、長い間の父との確執の中で、父に対して「お父さん」と呼ぶことができず、その言葉は私にとって長い間死んだ言葉であった。しかし、どうしてもその祈りをしなければならず、しばらく心の中で闘っていたが、ついに神様が勝り、私はその言葉を口から出して祈り始めた。するとその瞬間、あれほど固く岩のようだった父に対する閉じた心は砕かれ、神の熱い赦しが流れ込んで来た。そして私は救われ、あの放蕩息子が父の許に帰ったように、私も父の許に帰ったのです。この神の愛と赦しに心から感謝します。ハレルヤ！

その後、私は、あの新年会の場で感じた「満ち足りたもの」——生涯の伴侶——も与えられ、神と人との愛の中で、今生かされている。感謝！

「キリストこそ私たちの平和であり、二つのものを一つにし、隔ての壁を打ちこわし、ご自分の肉において、敵意を廃棄された方です。敵意とは、さまざまの規定から成り立っている戒めの律法なのです。このことは、二つのものをご自身において新しいひとりの人に造り上げて、平和を実現するためであり、また、両者を一つのからだとして、十字架によって神と和解させるためなのです。敵意は十字架によって葬り去られました。」

（エペソ2：14－16）

編集後記

『語り継ぐ信仰——朝祷会証し集』を昨年発行したところ、予想以上の大きな反響を頂きました。何十年もお付き合いしながらも証し文を通して真にその人となりを知ったという人。あるいは執筆中に過去のさまざまな出来事が脳裏に浮かび、いかに自分は多くの人々に愛され祈られてきた存在であったかを、そして福音の何たるかを改めて知り、悔い改めと感謝の祈りをささげた人もおられました。

中には末期がんのために執筆中ホスピスに入院、伴侶の助けをいただき口述筆記をもって最期の命を絞り出すようにして、残念ながら完成本を見ないまま天に召された方もおられました。けれども遺された一文字一文字の活字をもって、今もなお主の栄光と信仰の遺産を語り続けておられます。

パウロの書き送りました手紙の文末には必ず挨拶と共に祝福を祈る祈りがいずれの手紙にも記されています。たとえば「わたしと一緒にいる者たちが皆、あなたによろしくと言っています。わたしたちを愛している信仰の友人たちによろしく伝えてください。恵みがあなたがた一同と共にあるように」（テトスへの手紙3章15節）とあります。

パウロの手紙の中には獄中で書かれたものもありますが、終始監視の不自由な囚人生活の中、明日我が身の命が果たしてあるのかどうか分からない危機的な状況にあって、本来ならば苦悩に押しつぶされても仕方ない状況に立たされても、それでもなお希望があることを、命を賭して伝えようとする彼の想いを覚えるとき、何気ない挨拶文のように読み過ごしがちな文章も、自分自身のこととして受け止めるときに、「よろしく」という言葉の中に深い祈りと相手を深く気遣う思いが込められていること、そして外ならぬ自分自身にも向けられているものであることを知ることでしょう。

自らの足跡を振り返るとき、さまざまな方々との出会いと支えがあって今の自分があることを覚えます。

朝祷会はカトリックとプロテスタントとの違い、あるいは教派教団の違いを超えた世界的に見ても非常に稀有な存在です。それだけに日本が誇れる大きな信仰の財産であると言えます。

カオス（混沌）に覆われ、方向性が見えない不安な時代にあって、祈り合う存在がいる。今日も私のために誰か祈っていてくださる存在がいるということほど、大きな励ましと力はありません。祈りは神に向けて捧げられるものですが、相手を想う最も深い思い遣りに満ちた行為であると言えます。

本書を通してより多くの人々が主なる神と出会い、祈りの大切さを知らされ祈る者へと変えられるならば、暗い社会にも必ずや光が射すことと思います。

最後に本書の発行を快く受け入れてくださった朝祷会全国連合会会長の山下佳弘氏、真っ先に原稿をお送りくださり背中を押してくださった大阪クリスチャンセンター理事長の米田昭三郎氏、そして発行元を今回も引き受けてくださったキリスト新聞社社長の金子和人氏、さらに編集元としての労を取ってくださったフォーグレイス社長の東海林基従氏、編集と校正の実務を担ってくださった根本美加子氏と中村克己氏、また心を込めて表紙絵を描いてくれた私の兄、良市にも感謝します。そしてこの本を、主の栄光のためにお献げします。

埼玉南部朝祷会世話人　東海林昭雄

編集協力：根本美加子・中村克己

DTP制作：株式会社エニウェイ

装丁：長尾　優

イラスト：東海林良市

「語り継ぐ信仰」シリーズ
信仰の醍醐味——朝祷会証し集２

2017年1月20日　第１版第１刷発行

編　者　東海林昭雄
協　力　朝祷会全国連合会
編　集　フォーグレイス
〒171-0022 東京都豊島区南池袋2-49-7
池袋パークビル1F
電話03(4405)7531
発行所　キリスト新聞社
〒162-0814 東京都新宿区新小川町9-1
電話03(5579)2432
印刷所　協友印刷

ISBN978-4-87395-715-9 C0016（日キ販）